KB065674

그런 말은 전혀 괜찮지 않습니다

그런 말은 ― 전―혀 괜찮지 ― 않습니다

혐오와 차별을 넘어서는 우리말 사용법

장슬기 지음

아를

추천사

내가 판사 생활을 시작했던 1980년대 초반은 '페미니즘'이라든지 '정치적 올바름'을 지향하는 세계적 흐름이 우리나라에 제대로 상륙하기 전이었다. 1세대 여성 선배들은 여성이 극히 소수인 집단에서 살아남기 위해 '명예 남성'이 되어야 했다. 2세대 전문직군에 속했던 나는 '벙어리 3년, 귀머거리 3년'이 되어야 하는 며느리처럼 살 수밖에 없었다고 3세대 여성 후배들에게 말하곤 했다. 내가 차별받는 처지라는 말을 하려고 다른 집단을 차별하는 용어를 끌어다 쓰면서도 아무런 문제의식을 가지지 못했다. 일상에서 익숙하게 사용하는 많은 표현들에 깔려 있을 수도 있는 배제와 혐오의 감정은 그 표현에 의해 배제되고 혐오받는 집단에 소속된 경우가 아니면 민감하게 알아

채기 어렵다. 그렇다면 잠시 멈춰 서서 '이 표현은 괜찮을까?' 생각해보는 그 자체가 내가 속하지 않은 다른 집단에 대해 생각해보는 좋은 계기가 될 수 있을 것이다. TV를 볼 때마다 흠칫 놀라게 하는 '땡깡'이라는 단어를 왜 써서는 안 되는지 밝히고 있는 내용(36쪽)은 특히 모든 방송 관계자들에게 꼭 챙겨 읽어보라고 권하고 싶다. 이와 더불어 저자가 문제 삼고 있는 책 속의 단어들을 목록으로 만들어서 그 단어를 사용할 때마다 의미를 되새겨보고 역지사지해본다면, 더 좋은 사회로 나아가기 위한 '자이언트 스텝'이 되지 않겠는가.

김영란

아주대학교 법학전문대학원 석좌교수, 전 대법관, 《판결과 정의》 저자

◆◆◆

'슬기'답고 '슬기'롭게 엮어낸 친절하고 새로운 말모이! 한마디로 이렇게 소개하고 싶은 책이다. 장슬기 기자는 기자로서 다져온 취재 내공을, 짜임새 있는 구성과 전달력 높은 문장에 담아 한 권의 책으로 엮어냈다. 그러니 그 이름처럼 '슬기'답고 '슬기'롭다. 자칫 흩어져 힘을 잃을

수 있는 다양한 주체들의 다양한 목소리를 차곡차곡 모아 분류하고 체계화한 후에 쉽게 이해될 수 있도록 풍부한 맥락을 만들어 또박또박 설명한다. 그러니 친절하다. 더 이상 괜찮지 않은 차별과 혐오의 관점이 담긴, 새로고침이 필요한 말이 무엇인지를 짚어준다. 그러니 새롭다. 더 이상 괜찮지 않은 말을 버리고자 고민하는 사람들을 위해, 어떤 말을 쓰면 좋을지 곁에 두고 수시로 참고할 수 있도록 한 권의 책으로 묶어주었다. 그러니 말모이(사전)라 할 만하다. 인간의 모든 것에 대한 모든 것인 언어, 그래서 언어는 우리의 지금을 그대로 보여준다. 어제의 생각이 담긴 오늘의 낡은 언어를, 오늘의 생각이 담길 수 있는 내일의 언어로 만들어가고자 고민하는 이들, 그리고 반드시 고민해야 하는 이들이 꼭 읽어야 할 책이다. 또한, 더 나은 우리의 일상은 가장 일상적인 언어의 변화를 통해 이루어진다고 믿는 내게 큰 응원을 주는 고마운 책이다.

신지영

고려대학교 국어국문학과 교수, 《언어의 높이뛰기》 저자

낡아빠진 말들에 보내는 이별 통보

'ADHD(주의력결핍과잉행동장애)'라는 말을 들어본 적도 없고 무슨 뜻인지도 모르던 초등학생 시절, 우리는 주의가 산만한 친구를 구분 짓지 않았다. 그 나이대라면 대부분 그렇듯이 '선생님 말씀을 좀 안 듣는 친구'였고, 그게 다였다. 지금은 조금만 주의가 산만해도 '문제아'로 낙인을 찍거나 보호자에게 ADHD 검사를 받아보라고 권유한다. 심지어 또래 집단 사이에서 조금 튀는 행동을 하는 친구에게 "야, ADHD!"라고 부르면서 따돌리는 일도 흔하다고 한다. 이는 어른들의 세계에서도 다르지 않다.

물론 ADHD는 엄연히 존재하는 질환이며 심한 경우 일상생활에 어려움을 초래한다. 이 질환이 주로 발현하는 아동기에 적극적으로 치료하지 않으면 성인이 되어서도 우울증이나 강박증으로 이어질 가능성이 있다. 그러나 이런 질환을 지칭하는 용어가 학교나 직장에서 '조금 유별난 행동을 하는 사람'의 정체성을 규정하고 낮잡아 부르는 데 사용되면, 그 자체로 차별 언어가 될 뿐 아니라 실제 ADHD로 고통받는 이들에게 상처를 주는 이중의 부정적 효과를 낳는다. 이처럼 일상에서 아무런 문제의식 없이 사용하는 수많은 '언어'들은 우리가 살아가는 현실을 재구성한다. 특정 언어들이 재구성한 현실은 사람들의 인식을 변화시키고 '편견'이 쉽게 뿌리 내리도록 한다. 혐오와 차별이 우리의 현실에 공고히 자리 잡는 방식의 한 단면이다.

차별 표현이 끊임없이 생겨나고 있는 데 반해 차별을 금지하자는 사회적 합의는 여전히 쉽게 이루어지지 않고 있다. 차별 금지 제도화를 처음 꺼내든 사람은 '지역 차별'과 '빨갱이'라는 혐오 언어의 대표적 피해자인 김대중 전 대통령이다. 그는 1971년 대선에서 '차별대우 금지'를 공약으로 내걸었고 1997년 대선에서는 성별·종교·신체·용모·연령·출신지역 등을 이유로 차별대우를 하지 말자는 내용을 법안으로 구체화했다. 법안이 처음 발의된 건 2008년 1월.

노회찬 당시 민주노동당 의원이 대표발의했지만 국회 임기만료로 폐기됐다. 그 후 같은 일이 세 차례 더 반복됐고, 2013년 발의된 '차별금지법안'은 보수 기독교계의 거센 반발로 법안이 철회됐다. 2022년 현재 21대 국회에는 차별금지법과 평등법 등 총 4건이 발의됐는데, 법안을 발의한 의원들에게 항의성 문자와 전화가 이어졌다. 미류 활동가(차별금지법제정연대 책임집행위원)가 차별금지법 제정을 촉구하며 국회 앞에서 46일 동안 단식까지 했지만 또 다른 쪽에서는 여전히 차별금지법 반대 목소리를 키우고 있다.

차별금지법 반대 주장을 뒷받침하는 논리 중 가장 대표적인 것이 '차별 금지 대상인 성별, 성정체성 등은 개인이 선택할 수 없으며, 성소수자는 치료받아야 한다'는 허위 명제다. 이를 이유로 차별금지법을 '동성애법', '동성애촉진법'이라 부르고, '동성 성행위', '성전환 조장' 등을 강조하며 선정적인 혐오 표현으로 성소수자를 비하한다. 차별과 혐오의 언어는 이데올로기가 되고 최악에는 소수자를 향한 폭력을 정당화하는 밑거름이 된다.

'탈동성애'를 주장하는 사람들은 동성애자를 이성애자로 만들겠다며 '전환치료'(동성애자, 양성애자, 트랜스젠더 등으로 타고난 성적 지향을 이성애자로 바꾸기 위해 개발된 치료법)를 시도하기도 한다. '전환치료'를 다룬 실화 바탕의 영화 〈보이 이레이즈드〉(조엘 에저튼, 2018)에서는 목사가 성소수자들을 모아놓고 동성애를 죄악시하며 자기부정을 강요한다. 악마에 씌었다며 때리기도 한다. '전환치료'나 '탈동성애'는 그 자체로 허구이자 범죄를 유발하는 말이다.

우리의 '생각'을 '음식'에 비유하면 '언어'는 음식을 담는 '그릇'이라 할 수 있다. 음식을 어떤 그릇에 담아 낼 것인가. 새 그릇에 담을 수도 있고, 낡은 그릇에 담을 수도 있다. 새 그릇인 줄 알았는데 알고 보니 유해 물질로 만든 그릇일 수도 있다. 색깔과 모양이 예쁘더라도 비위생적이고 인체에 유해한 그릇에 음식을 담아 낸다면 먹기 꺼려질 뿐만 아니라 먹더라도 탈이 날 게 분명하다.

　많은 사람들이 혐오와 차별 표현을 일상적으로 사용하면서도 그것이 익숙하니까, 또는 요즘 유행하는 말이라서 사용하는 것일 뿐 차별할 의도는 없었다고 주장한다. 2019년 국가인권위원회가 청소년 500명을 대상으로 '혐오 표현에 대한 청소년 인식조사'를 진행했는데 23.9%가 "온라인이나 실생활에서 혐오 표현을 사용한 적이 있다."고 답했다. 혐오 표현을 사용한 이유로는 "남들도 사용하니까 따라했다."(57.5%)거나 "재밌으니까 농담으로 사용했다."(53.9%)는 응답이 많았다. 마치 별것 아닌 유행이나 문화처럼 생각하는 분위기가 감지된다.

대부분의 차별은 그렇게 일상에 스며든다. 차별당하는 사람은 존재 자체를 부정당하는 경험이기에 분노가 치밀고 고통스럽지만, 차별하는 사람은 자신의 문제를 인지하지 못하는 경우가 많다. 그러나 조금만 관심을 갖고 찾아보면 차별 표현을 대체할 좋은 '말 그릇'은 얼마든지 있고, 거기에 음식을 담아 누구에게나 대접할 수 있다.

우리말의 새로운 사용법을 안내하는 책이기에 '한국어'를 배우고 구사하는 모든 사람들이 이 책의 독자이길 기대한다면 너무 큰 바람일까. 그렇다면 적어도 한국 사회에 만연한 혐오와 차별 표현들을 수시로 마주하며 '나만 너무 예민하고 불편한 것은 아닌지', '내가 지금 정말 차별을 당하고 있는 것인지', '내 불쾌한 감정이 타당한지' 고민해왔던 독자들에게 시원하게 맞장구를 쳐줄 수 있는 책이 된다면 좋겠다.

거리낌 없이 차별 언어를 쓰는 주변 누군가가 내내 거슬렸다면, 면전에서 지적하기보다 이 책을 조용히 건네는 것도 좋은 방법일 수 있다. 물론 이 책을 선물로 받았다고 해서 기분 나빠할 필요는 없다. 차별 없는 사회를 함께 만들어가보자는 뜻일 테니 말이다. 이 책이 그전에는 미처 생각해보지 못했던 우리말의 의미를 되새겨보는 계기를 마련해주고, 상대방을 비하하지 않으면서도 다양한 이견을 제시할 수 있는 공동체를 만드는 데 작게나마 기여할 수 있다면 충분할 것 같다.

민주주의 사회는 나와 같은 생각을 하는 사람으로 채워진 세상이 아니다. '다름'을 '틀림'으로 규정해서는 안 되는 이유다. 그럼에도 약자를 배제하고 소수자를 차별하는 말들과 과감히 작별하는 일은, 더불어 살아가는 시민으로서 발 디뎌야 할 곳과 발 담지 말아야 할 곳의 경계조차 보이지 않는 이 혼탁한 말들의 시대에, 다시 경계를 선명히 하는 첫걸음일 것이다.

2022년 7월

장슬기

차례

2장 · 젠더 불평등을 만들어내는 말들

3장 · 존재를 지우고 혐오하는 말들

1

나와 다른 몸을 배제하는 말들

차별의 문턱 앞에서
뒤돌아서는 사람들

내 모습, 지옥 같은 세상에 갇혀버린 내 모습, 큰 모순, 자유,
평등, 지키지도 않는 거짓 약속. 흥! 닥치라고 그래, 언제나
우린 소외받아왔고, 방구석에 '폐기물'로 살아 있고, 그딴
식으로 쳐다보는 차별의 시선, 위선 속에 동정받는 병신인
줄 아나! 닥쳐, 닥쳐라, 우린 병신이 아냐![1]

장애인 이동권 보장을 주장하며 지하철 탑승 시위를 벌
인 전국장애인차별철폐연대(전장연)를 향한 비난이 거셌
던 2022년 봄. 출근길 지하철에서 오체투지하고 있는 전
장연 '시민'들을 향해 이준석 국민의힘 대표는 "지하철을
마비시키려는 목적", "윤석열 정부에서는 불법 시위를
해야 의견이 관철된다는 잘못된 선례를 남기면 안 된다."

라며 SNS 등을 통해 연일 비난의 수위를 높였다. 그는 출근길 시민의 불편을 '볼모'로 부당한 이득을 취하기 위해 '떼를 쓰는' 것처럼 전장연을 몰아세웠다.

한국 사회에서 장애인뿐 아니라 사회적 약자들이 거리로 나와 시위를 할 때마다 그들의 요구에 귀 기울이기보다 '불법', '불편' 등을 강조하며 시위 자체를 비난하는 것은 그리 낯선 풍경이 아니다. 그러나 2022년의 전장연 시위는 한 정당의 대표로 있는 정치인이 장애인을 향해 정면으로 '혐오 발언'을 쏟아냈다는 점에서 화제가 됐다. 이 대표는 자신이 혐오 발언을 하지 않았다고 주장했지만 장애인을 공개적으로 비난하고 대중의 증오를 선동했다는 점에서 그의 발언은 반反인권 영역에 있다.

'장애인의 날'인 4월 20일, 이 대표가 한 일을 보면 그가 얼마나 편협한 시각으로 장애인 이동권 투쟁을 바라보았는지가 드러난다. 그는 '장애인의 날'을 맞아 청량리역을 찾아 휠체어 리프트 '체험'을 했다. 전장연이 지하철에서 시위를 했으니 그 현장을 찾아 자신도 휠체어를 이용하는 장애인들의 고충을 이해한다는 것을 보여주려 의도한 것이다. 그러나 이 행위는 전장연이 외친 '이동권'을 단지 몇 가지 교통수단을 좀 더 편하게 타보자는 수준으로 격하한 것이었다.

이 대표는 전장연 박경석 대표와의 TV 토론에서 이렇게 말했다. "지금까지 장애계에서 요구했던 많은 사안이 있죠. 탈시설도 있고 교육 예산도 있고 여러 가지가 있죠. 이동권에 대한 문제라면 지하철이라는 곳이 시위의 공간으로도 적절할 것 같고, 방식은 좀 과격하다 할 수 있겠지만. 그런데 이동권에 대한 문제가 아닌 것으로 가게 되면 지하철은 그냥 단순히 시민 다수가 있기 때문에 선택한 공간이 되는 거거든요."

전장연은 탈시설, 교육 예산 확보, 이동권 보장 등 요구 사항이 많은데, 이목을 집중시키기 위해서 사람들이 많은 지하철을 선택해 과격한 방식으로 시위를 했다는 주장이었다. 즉 이동권 보장 요구를 제외하면 나머지 요구 사항은 지하철에서 해야 할 이유가 없다는 것이다. 과연 그럴까?

이동권은 기본권이다. 지하철 시위의 배경에는 지하철도 못 타는데 어떻게 '인간다운 삶'을 누리겠느냐는 절규가 담겨 있다. 비장애인들처럼 학교에 다니고 취업해서 사회생활을 하려면 대중교통과 같은 보편적 이동 수단에 대한 편리하고 자유로운 접근, 즉 이동권이라는 기본

권리가 전제되어야 한다.

단순히 장애인이 대중교통 이용에 불편을 겪고 있다고 만 생각하면 이 대표처럼 이동권 문제가 '우선순위'에서 밀렸을 뿐이라고 치부하게 된다. 이 대표는 TV 토론에서 "장애인 이동권 못지않게 중요한 다른 우선순위 사업들 도 있다."면서 "저한테 우선순위를 배분하도록 하면 기 존 정치권보다는 좀 더 배분하겠다."라고 했다. 이쯤 되 면 '우선순위' 발언도 차별이다. 수많은 장애인에게 '인 간다운 삶'보다 우선하는 것이 있을까. 이 대표의 말은 전 형적인 시혜적 태도에서 비롯된 것이었다.

사회가 만든 '턱'을 없애달라는
수많은 목소리의 변주들

전장연은 4월 20일을 '장애인의 날'이 아닌 '장애인차별 철폐의 날'로 부른다. TV 토론에서 박경석 전장연 대표는 이렇게 말했다. "4월 20일은 '장애인차별철폐의 날'입니 다. 전장연은 전두환 군부 독재가 42년 전에 시혜와 동정 의 의미로 제정한 '장애인의 날'을 거부하며 20년을 싸워

왔습니다."

365일 중 364일이 '비장애인의 날'인 사회에서 1년 중 단 하루 있는 '장애인의 날'을 그대로 받아들일 장애인이 과연 있을까? 박 대표의 주장에는 비장애인이 주체가 돼 장애인들을 하루쯤 배려해주는 날이 아니라 장애인이 주체가 돼 장애인에 대한 차별을 없애자고 다시 한번 목소리를 내는 날이 되어야 한다는 의미가 담겨 있다. 사실 전장연은 365일을 장애인 차별 철폐를 외치는 날로 살고 있을 것이다.

우리가 장애인의 권리에 대해 관심을 가져야 하는 이유는 그들이 신체나 정신에 손상을 입어서 무능하거나 불쌍한 존재이기 때문이 아니다. 장애인의 기본권조차 제대로 보장해주지 않은 우리 사회가 그들을 무능한 존재라고 여기게끔 만들었기 때문이다.

1984년 "서울 거리의 '턱'을 없애달라."는 외침을 남기고 스스로 세상을 떠난 김순석 열사[2]의 유서에는 당시 서울 시장에게 호소한 대목이 있다.

시장님, 왜 저희는 골목골목마다 박힌 식당 문턱에서 허기를 참고 돌아서야 합니까. 왜 저희는 목을 축여줄 한 모금의

물을 마시려고 그놈의 문턱과 싸워야 합니까. 또 우리는 왜 횡단보도를 건널 때마다 지나는 행인의 허리춤을 붙잡고 도움을 호소해야 합니까. (…) 장애인들은 사람 대우를 받지 못합니다. 대우를 받아도 끝내는 이용당합니다. 조그마한 꿈이라도 이뤄보려고 애써봤지만 시간이 흐를수록 사회는 저를 약해지게만 만듭니다.

김순석 열사가 장애를 경험한 지점은 자신의 불편한 신체가 아니라 사회가 만든 수많은 유무형의 '턱'이었다. 전장연이 시위하는 이유도 그와 같다. 탈시설, 교육 예산, 출근길 시위는 별개의 주장이 아니다. 장애인들을 "방구석 폐기물" 취급하지 말고 친구와 밥도 먹고 학교도 가고 돈도 벌 수 있도록 사회가 만든 '턱'을 없애달라는 표현의 변주들이다.

휠체어를 탄 이들이 계단이 없는 특수학교에 다니면 불편을 느끼지 못한다. 지하철과 지하철 역사를 특수학교 설계하듯 만들었다면 장애인들이 지하철 바닥을 오체투지하며 싸우지 않았을 것이다. 특수학교와 지하철의 차이, 그만큼이 이 사회가 장애인에게 가한 차별이다. 장애인의 요구는 사회가 만든 차별을 없애달라는 뜻이다.

장애인 개인이 자신의 장애를 없애려 노력하거나 극복해야 할 문제가 아니다. '장애인의 날'이라면 장애가 있는 사람 개개인을 배려하는 날로 그칠 수 있겠지만 '장애인차별철폐의 날'이라면 공동체가 함께 만든 '턱'을 없애야 하는 날이 된다. 4월 20일을 '장애인의 날'이 아닌 '장애인차별철폐의 날'이라고 불러야 하는 이유다.

장애는 혀끝에서 만들어진다

1년 내내 어른들 세계에서 벌어지는 일들을, 어른들에게 읽히기 위해서, 어른들이 주로 사용하는 미디어를 통해 매일같이 쓰고 있다. 그러다 어린이날 특집 기사를 기획했을 때의 일이다. 그 즈음에 읽은 책 《어린이라는 세계》 (김소영, 2021)에서 저자는 이렇게 말했다.

"어린이날 하루는 모든 TV 채널에서 하루 종일 어린이 시청자를 위한 프로그램을 방영하면 좋겠다. (…) 어른들과 함께 좋은 곳, 멋진 곳에서 하루를 보낼 수 없는 어린이들을 위해, 이런저런 사정으로 최신 영화를 보지 못한 어린이들을 위해 어린이날 하루만큼은 꼭 최신 [어린이] 영화를 틀어주면 좋겠다."

어린이날 특집 기사의 키워드를 '어린이와 미디어'로

정하고 '어린이 신문', '키즈 유튜브', '어린이가 본 미디어' 등을 비롯해 여러 가지 아이템들을 적어 내려갔다. 그 중에는 '장애 어린이'도 포함돼 있었는데, 동료들과 사전 취재를 시작하고 나서야 알았다. 우리는 '장애 어린이'에 대해 너무 아는 게 없었다. 그만큼 장애를 가진 아이들이 사회에서 배제된 채 살아간다는 뜻이다.

장애 어린이의 미디어 이용 실태에 대해서 취재해야 할까? 장애도 종류가 여러 가지인데 어떤 어린이에게 어떻게 접근해야 할까? 어린이를 다루는 일만도 낯선데 너무 일을 키웠나 싶은 생각마저 들었다. '장애'라는 한 단어에는 너무 많은 내용이 담겨 있었다. 무작정 장애 어린이에 대해 알 만한 사람들에게 물어봤다. 어린이날 특집에서 '장애 어린이'도 다루고 싶으니 아이디어를 달라는 취지였다. 무식한 질문도 마구 쏟아냈다. '장애 어린이'란 주제는 물론 어린이날 특집 기획 자체가 시혜적 관점을 포함했다는 걸 나도 알고 그들도 알았을 테지만 별수 없었다. 그러던 중 한 아동심리상담 전문가의 말을 듣고 나자 복잡했던 머릿속이 깨끗이 정리됐다.

"어린이 본인은 장애 당사자로서 정체성이 없어요. 자기도 그냥 똑같은 아이거든요. 그러니 [장애 정체성이] 없는 상태로 성장시켜줄 수 있다고 생각해요. 그런데 주변 인식은 안 그래요. 막연히 장애인에게는 도움이 필요하다고 생각하거든요. 물론 누구나 잠깐의 도움이 필요한 순간이 있죠. 하지만 그걸로 그 사람의 삶을 전부 다 규정할 수는 없어요. 장애 어린이에게 필요한 게 따로 있을까요? 비장애인이 장애인을 더 이해하기 위한 이야기가 필요하지 않을까요?"

그렇다. 세상에 '장애 어린이'는 없었다. 그동안 수없이 들어왔던 말을 다시 떠올렸다. 장애는 개인의 문제가 아니라 공동체가 다양한 구성원을 어떻게 받아들이는가의 문제다. 장애는 장애가 있는 그 개인에게 원인이 있지 않다. 장애를 받아들이지 못하는 사회에 발을 내딛는 순간 '문제'가 발생한다.

휠체어를 타고 다니는 사람이 특수학교와 같이 문턱이 없고 경사로를 잘 갖춘 공간에 있다면 아무런 문제를 못 느끼지만 길거리로 나오는 순간 다양한 장애물에 가로막힌다. 흑인으로 태어나서 열등한 위치에 있는 게 아니라 백인 중심 사회가 흑인이라는 이유만으로 그들을 배제했기 때문에 흑인이 열등한 존재로 대우받아온 것과 다르지 않다.

정상과 비정상의 경계를 넘어서
차별 표현 다시 살펴보기

모두가 수어를 사용하는 나라가 있다고 가정해보자. 다들 손으로 말하고 눈으로 알아듣는다. 여기서 '농인'은 장애를 굳이 인지하지 않는다. 그저 수어라는 언어로 소통하는, 그래서 음성언어로 소통하는 사람들과 다를 뿐이다. 참고로 장애인들은 '청각장애인'과 '농인'을 구분 짓는다. 청각장애인은 말 그대로 청각에 장애가 있는 사람을 뜻한다. 예를 들어 평생 비장애인으로 살다가 나이가 들어 청각 기능이 떨어져서 청각장애인이 될 수 있다. 이런 경우에는 수어를 배워서 소통하기보다는 보청기를 사용해서 한국어를 제1언어로 계속 사용할 수 있다. 그에 반해 태어날 때부터 청각에 장애가 있어서 한국어가 아닌 수어를 제1언어로 사용하는 사람들이 있다. 이들을 '농인'이라고 부른다. 한국수화언어법에 따르면 한국어와 한국수어는 동등한 자격을 가진다.

　미국 매사추세츠주 남동쪽 마서즈 비니어드 섬에는 17세기부터 약 200년간 유독 청각장애를 지닌 '농인'이 많이 살았다. 인류학자 노라 엘렌 그로스는 《마서즈 비니

어드 섬 사람들은 수화로 말한다》에서 이 섬에 사는 노인들을 면접한 결과 사회가 어떻게 장애를 만들어내는지 보여준다. 이 섬에서는 '청인'(더 빈번하게 사용되는 '건청인'은 건강하다는 뜻의 '建'이 정상성을 뜻하므로 차별적 표현이다)들도 수어를 사용하기 때문에 '농인'과 '청인'의 구분은 의미가 없다. 장애는 절대적 개념이 아니라 사회가 만들어낸다는 사실을 확인할 수 있는 사례다. "장애인은 어딘가가 불편한 사람인데 그들을 차별하면 안 되며 사회적으로 배려해야 한다."라는 차원의 담론을 뛰어넘기 위한 노력이 필요하다.

장애를 가진 '신체'에 집중해선 그 어떤 선의로도 장애인 차별에서 벗어나기 어렵다. 사회 다수가 정한 기준에 맞지 않는 이들을 구분하는 순간 이미 차별의 씨앗이 싹을 틔운다. 인류는 오랫동안 장애라는 문제의 원인이 장애인 개인에게 있다고 생각했다. 그래서 장애인을 가리키는 표현의 상당수는 차별적인 뜻을 담고 있다. '정상'과 '비정상'이라는 잣대로 장애인을 열등한 위치에 놓아왔기에 장애 관련 표현을 부정적인 상황에서 비유로 활용해왔다. 심지어 욕설로도 써왔다. 신체적, 정신적 장애와 관련된 여러 표현이 차별과 혐오의 뜻을 담고 있는 건 아닌지 고민해봐야 하는 이유다.

언론도 한쪽에서는 장애인 차별을 중단하자는 메시지를 전하면서 동시에 다른 한쪽에서는 장애를 '극복'한 인간 승리 드라마를 끊임없이 발굴하고 있다. 의도하지 않았더라도 장애인을 온전하지 않은 상태에 위치시키는 행위다. 길든 짧든 장애인 차별의 역사는 장애 관련 용어에 고스란히 녹아 있다.

차별은 차별인 줄도 모른 채 반복된다. 흔히 삶의 나락으로 떨어졌을 때 이런 응원과 다짐을 주고받는다. "뭐어때? 사지 멀쩡한데, 막노동이라도 해서 다시 일어나야지." 이 사회가 비장애인 중심이라는 것을 단적으로 보여주는 사례다. 장애인들은 비장애인의 삶의 나락, 그 밑에서 살고 있다. 《한겨레》는 〈박경석은 힘이 세다〉라는 칼럼에서 전장연 박경석 대표의 말을 인용했다.

"환경이 달라졌다지만, 장애인들 가슴에 10센티미터 정도 찔렀던 칼을 5센티미터 정도 빼주고 '이제 살 만하지?'라는 것과 뭐가 다른가. 우리는 이제 사회에 관계를 바꾸자고 하는 것이다."[3]

장애가 곧 모욕이던 시절은
정녕 끝났나?

예전에는 동네마다 유명한 '바보'가 한두 명씩 있었다. 어렸을 때 내가 살던 동네에는 '바보 누나'가 있었다. 사람들은 그의 이름을 붙여 '바보 미나'(가명)라고 불렀다. 그의 가족들은 "동네 창피하니까" 싸돌아다니지 말라며 바보 미나를 혼냈다. 바보 미나에겐 오빠가 하나 있었는데 항상 모자를 푹 눌러쓰고 동네 사람들의 시선을 피해 다녔다. 어른들은 자신들의 어린 시절 이야기를 보탰다.

"우리 어렸을 때는 저런 애들 다 숨겼어. 장애인이면 싹 다 집에 꽁꽁. 있는지도 모르게."

생각해보면 '바보'라는 말은 욕으로 쓰여왔지만, 욕 중에서 가장 강도(?)가 약해 별 문제가 없다고 여겨졌던 게 사실이다. 심지어 TV에서도 장애인을 가리키는 욕설인 '병신'은 'XX', '병X' 등으로 가리면서도 '바보'는 여과 없이 자막으로 내보낸다.

국립국어원에 따르면 '바보'라는 단어의 어원에는 두 가지 설이 있다. 하나는 '밥보'가 변한 말로 밥에서 'ㅂ'이 빠지고 '심술보', '떡보' 등 '어떠한 특성을 지닌 사람'이란 뜻의 접미사 '-보'가 결합했다는 설이다. 다른 하나는 "사물에 어두워 아는 것이 없고 똑똑하지 못한 사람"을 가리키는 '팔삭이'를 변형한 '바사기'에서 '바-'가 왔다는 설이다.[4]

둘 다 그다지 와닿지는 않지만 어느 쪽이든 사람을 비하하는 표현임엔 분명하다. 표준국어대사전에서도 바보를 "지능이 부족해 정상적으로 판단하지 못하는 사람을 낮잡아 이르는 말", "어리석고 멍청하거나 못난 사람을 욕하거나 비난하여 이르는 말"이라고 두 가지로 풀이하고 있다. 그럼에도 '바보'는 욕 중에서 비난의 강도가 약한 쪽에 속해 상대적으로 거부감 없이 사용됐다.

온 동네 사람들에게 '바보'란 말을 들어야 했던 '미나'와 그 가족들은 어떤 심정이었을까. 사실 잘못한 것 하나 없는데도 '바보'라는 호칭 하나만으로 동네에서 가장 유명한 사람이 되지 않았나. 이처럼 소문이라도 날까 봐 장애가 있는 가족을 집에 숨겨야만 했던 수많은 이들에게 장애는 곧 모욕이었다.

타인의 고통을 조롱하는
장애 비하 용어들

뜻이나 어원을 모르는 채로 쉽게 쓰는 말들이 우리 주변에는 너무 많다. 장애인먼저실천운동본부는 중앙장애인권익옹호기관과 함께 '바른 용어 사용하기 캠페인'을 시작하면서 '찐따'와 '땡깡'이 장애 비하 용어 중 일제 잔재라고 지적했다.

'찐따'는 절름발이를 뜻하는 일본어 '찐바ちんば'의 변형으로 양쪽 다리의 길이가 달라 걷기 불편한 사람, 주로 소아마비를 가진 사람을 비하할 때 사용하던 단어다. 현재는 온라인상에서 '어딘가가 부족해 남에게 불쾌감을 주는 사람'을 비하할 때 흔히 사용한다. 또한 군대에서 '찐빠났다'는 말은 실수하거나 불량이 발생했을 때 또는 자동차 엔진이 이상 작동하는 상황에서 쓰인다. '찐따'에서 파생된 신조어들도 점점 늘어나고 있다. '문찐(문화찐

따)', '찐특(찐따특징)' 등은 온라인상에서, 특히 유튜브나 게임상에서 흔히 사용하는 말이다.

'땡깡(뗑깡)'은 뇌전증을 뜻하는 일본어 '덴칸てんかん'에서 유래한 말로 억지를 부리며 우기는 모습이 뇌전증 증상과 비슷해 보인다는 이유에서 사용되기 시작했다. 보통 '땡깡 쓴다', '땡깡 부리네', '땡깡 피운다'라고 사용한다. 뇌전증은 '뇌에 전기파가 온다'는 뜻을 담은 단어다. 뇌에서 비정상적으로 발생한 전기파가 뇌 조직을 타고 퍼지는 과정에서 경련성 발작을 일으키는 증상을 보이는데, 과거와 달리 적절한 약물 치료로 일상생활이 가능하다. 이 말은 예전에는 '전간', '지랄병' 등으로, 얼마 전까지는 '간질'이라고 쓰였다. '지랄'이란 표현 자체가 욕설로 쓰였고, '간질'도 사회적 편견이 심해 2014년부터 법령 용어에서 '간질'을 없애고 '뇌전증'으로 대체했다. 그러므로 '땡깡' 대신 '생떼' 또는 '억지'라는 말을 쓰면 된다.

'간질'이 '뇌전증'이란 말로 바뀌었지만 아직 대중은 뇌전증에 대해 잘 알지 못한다. 매년 3월 26일은 뇌전증 장애 인식 개선의 날인 '퍼플데이Purple day'다. 캐나다의 뇌전증 장애인 캐시디 매건이 2008년 3월 26일 하루 동안 보라색 옷을 입고 뇌전증을 알린 데서 유래했다. 캐나다 노바스코시아 뇌전증협회와 뉴욕 애니타 카우프만 재단이 동참해 2009년부터 이날을 퍼플데이로 지정했다. 한국에서도 뇌전증을 소개하고 편견을 해소하는 행사를 진행하는 등 미약하지만 퍼플데이를 기념한다. 전문가들은 주변에서 뇌전증으로 경련을 일으킬 경우 불필요한 행동을 하지 말고 주변에 위험한 물건이 없는지 확인한 뒤 지켜봐달라고 조언한다.

어떤 질환의 특정 증상을 가져와 욕설로 사용하는 사례가 우리 주변에는 너무 많다. 그 질환을 앓고 있는 당사자는 어딘가가 불편하거나 너무 고통스럽기 때문에 증상을 표출하는 것이다. 그런 증상을 나타내는 말들을 일상에서 아무렇지 않게 사용한다면, 우리는 아픈 누군가를 끊임없이 조롱하고 모독하는 셈이다.

'정상'이 없으면
'비정상'도 만들어지지 않는다

2021년 7~8월 장애인먼저실천운동본부가 언론사 46곳을 대상으로 장애에 대한 차별이나 편견을 조장할 수 있는 용어를 조사했더니 부적절한 표현 전체 207건 중 '정상인'이 49건으로 가장 많았다.[5]

아직도 '정상인'은 '장애인'과 대비되는 말로 쓰이고 있다. 이런 구도에서 '정상인'과 장애인은 동등하게 여겨지지 않는다. 정상인은 표준으로 이해되지만 장애인은 정상인의 반대말인 '비정상인', 즉 잉여의 존재로 분류된다. 정상인은 인간의 여러 정체성 중 하나가 아니라 그 자체로 표준이자 기준이 된다. 그러나 정상과 비정상은 대칭일 수 없다. 정상인이 아니라 '비장애인'으로 불러야 하는 이유다.

그럼에도 여전히 우리 언론에선 '정상인'을 자주 사용한다. 〈"정상인인 줄 알았다" 지적장애자 성폭행 40대 징역 4년〉[6]이라는 제목의 기사를 보면 두 단어가 눈에 들어온다. '정상인'과 '지적장애자'다.

장애인을 가리키는 말은 '장애우', '장애자' 등 여러 개가 존재했다. '정상인'들이 시혜적으로 배려해줘야 한다는 의미가 포함된 '장애우'는 장애인들이 거절했다. '장애우'는 장애인을 타자화한 표현으로 장애인이 그들 자신을 지칭할 수 있는 말이 아니다. '놈 자者'보다 '사람 인人'을 사용하는 게 낫다는 판단으로 '장애자' 역시 쓰지 않는 표현이다.

그런데 기사 제목과 달리 정작 본문에는 '정상인'도, '장애자'도 나오지 않았다. 기사는 "지적장애인을 성폭행한 혐의를 받는 40대 남성이 1심에서 유죄가 인정돼 실형을 선고받았다."라는 문장으로 시작한다. 재판부를 인용한 대목도 "피고인은 장애의 정도가 심한 지적장애인인 피해자를 강제로 추행한 후"라고 썼다. 그런데 기사 끝에 "A씨는 피해자가 장애인이라는 사실을 몰랐고 (…)"라는 문장이 나온다. 이 부분을 마치 가해자 A씨가 "정상인인 줄 알았다."라고 말한 것처럼 제목을 붙여 결국 차별 표현이 담긴 기사로 만든 셈이다.

이런 사례 하나만 봐도 편견이 얼마나 무섭게 작동하는지 알 수 있다. 지금도 '정상인'을 '비장애인'의 뜻으로 사용하고 있는 뉴스들이 쏟아져 나온다. 정상이 없으면 비정상도 만들어지지 않는다.

장애를 가진 신체는
열등한 것도 결함도 아니다

장애인을 비하하거나 혐오하는 표현은 상상 이상으로 많아서 일일이 언급하기도 어렵다. 정치 기사에 자주 나오는 표현 중 하나인 '파행'을 보자. 국회 상임위원회나 국정감사 회의가 일정대로 진행되지 못하고 중단되거나 연기되면 '상임위 파행', '국감 파행'이라는 표현을 쓴다.

'파행'에서 '파跛'는 '절뚝발이'라는 뜻이다. 파행은 절뚝거리며 걷는다는 뜻으로 어떠한 일이나 계획을 순조롭게 진행하지 못하는 것을 비유한다. '절름발이', '쩔뚝이'는 이미 장애인 차별 표현이라는 지적이 많았다.

사전에서 '절름발이'는 "한쪽 다리가 짧거나 다쳐 걷

거나 뛸 때 몸이 한쪽으로 기우뚱거리는 사람을 낮잡아 이르는 말"이라고 정의하고 있다. 한쪽이 기울어진 책상을 '절름발이 책상'이라고 하거나 균형을 이루지 못한 교육을 '절름발이 교육'이라고 표현하는 것 모두 열등한 상태를 장애에 비유한 표현이다.

'정신박약아', '정박아', '정신지체' 등 지적장애인을 가리키던 옛 표현 역시 모두 차별 표현이다. 지적장애인에 대한 비하 용어로는 '등신', '또라이', '백치', '바보천치', '얼간이' 등이 있다. '봉사', '소경'도 '시각장애인'으로 써야 한다.

장애인을 지칭해왔던 수많은 표현은 '○○장애인'의 형식으로 사회적 합의에 이르고 있다. '땅딸보'나 '난쟁이' 대신 '지체장애인'이나 '저신장장애인'으로 칭한다. 선천적인 기형을 낮잡아 이르는 말인 '배냇병신'은 '선천성장애인'으로 대체하고 있다. '귀머거리', '아다다', '말더듬이', '언청이', '째보' 등은 '청각장애인'이나 '언어장애인'으로, '사팔이', '사팔뜨기'는 '시각장애인'이나 '저시력장애인'으로 써야 한다. '문둥이'는 '나병 환자'를 거쳐 '한센인'으로 부른다.

몸의 손상은 결함이 아니다. 신체의 일부가 다르다는

이유로 '정상'과 '비정상'을 가르고 그 때문에 사회적 약
자가 차별과 멸시 속에서 살아가야 한다면, 그 사회가 '비
정상'이다.

익숙한 언어와 결별하기

장애인먼저실천운동본부가 발표한 〈장애 관련 올바른 용어 가이드라인〉[7]에 따르면 '깜깜이 회계'는 '확인 불가능한 회계', '알 수 없는 회계' 등으로 대체해야 한다. 깜깜이라는 표현이 시각장애인을 차별하는 표현이라는 이유에서다. 2020년 8월에는 중앙방역대책본부가 정례 브리핑에서 앞으로 '깜깜이 감염', '깜깜이 환자' 등의 표현을 쓰지 않겠다고 설명하면서 '감염 경로 불명', '감염 경로를 알 수 없는 확진자'로 대체하겠다고 했다.

남미정 국립국어원 학예연구사는 〈언어 감수성〉이라는 칼럼을 통해 "코로나19 브리핑에서는 '깜깜이'라는 단어가 사라졌지만 여전히 '깜깜이 먹통, 깜깜이 수사' 등은 언론의 머리기사에서 즐겨 쓰는 표현 중 하나다. 다수 대중을 향한 언론, 정치의 영역에서 특별히 더 세심한 언어적 감수성이 요구된다."[8]라고 썼다.

그런 반면에 차별 표현을 지양하고 언어적 감수성을 필요로 한다는 주장에 반론을 제기하는 글도 있었다. 장강명 작가는 〈'깜깜이'라는 말은 혐오 표현인가〉라는 칼럼에서 다음과 같이 썼다.

어떤 표현에 소수자 혐오가 담겨 있다고 주장하는 데에는 대단한 노력이 들지 않는다. 그런데 그런 주장을 할수록 인권 감수성이 높다는 평판을 얻고, 세상을 바꾼다는 보람과 은근한 도덕적 우월감을 누린다. (…) 반론이 차단되는 양상은 얼마간 전체주의적 선동으로 보이기까지 한다. 한데 그런 주장들 중에는 설득력이 약한 것도 많다. '깜깜이'가 대표적인 사례라고 생각한다. (…) 혹자는 이유야 어찌 됐건 당사자들이 불쾌해하니 쓰지 말아야 한다고 말한다. 그런 '당사자주의'에 나는 얼마간 의문을 품고 있다. 그러면 재계의 요청에 따라 재벌을 대기업집단으로 불러줘야 하나? 일본이 원하니까 일왕은 천황이라고 부르고? 어떤 사람들은 당사자주의는 약자에게만 적용되는 원칙이라고 한다. 원칙인데 보편적이지 않은 원칙은 그 자체로 괴상하고, 실제로

적용을 어떻게 하라는 건지도 모르겠다.[9]

이 칼럼의 후반부에서는 "전체주의적 선동", "이렇게 《1984》가 도래하나?", "상처가 될 수 있는 말을 모두 금지하자는 발상은 우리 모두를 정신적 유아로 만들고 마는 것 아닌가 나는 걱정스럽다." 등 다소 격한 비유도 나왔다.

물론 공론장에서 '깜깜이'가 차별 표현인지 토론할 수 있고 토론해야 한다. 다만 그의 글에서 차별 표현을 쓰지 말자는 주장이 어떻게 "반론을 차단"하는지는 이해하기 어려웠다. 국회나 정부가 규제와 처벌 조항을 만들었다면 이런 비판이 가능하겠지만 시민단체의 입장문이나 언론 보도가 반론을 차단하거나 이견을 금하지는 못한다.

사회적 약자들은 지금껏
자신들의 언어를 갖지 못했다

신문 칼럼과 같은 글들의 주장은 '표현의 자유'를 보장해야 한다는 원칙에서 나온다. 다만 우리가 쉽게 말하는 표현의 자유에는 함정이 있다. 같은 말이라도 누군가는 표현의 자유라며 떠들지만, 듣는 사람은 문제 있는 표현이라고 항의할 수 있다. 말은 말하는 사람과 듣는 사람이 누구인지에 따라 뜻과 맥락이 결정된다. 어떠한 단어가 차별 표현인지, 상대적 약자가 누구인지 결정하는 과정 자체가 정치다. 연인 간의 은밀한 표현을 직장 상사가 신입 직원에게 썼다면 성희롱이 되는 까닭이다.

자유, 인권, 평화 등 인류 보편 가치라고 알려진 것을 내세우는 주장에 쉽게 동의하기 어려운 이유는, 저 단어들이 절대적이고 아름다운 진리를 담고 있는 것처럼 보이지만 현존하는 권력 관계를 은폐하고 있기 때문이다. 한국 사회의 현실을 보면 사회적 약자들에게 자유, 인권, 평화 등이 과연 보편 원칙으로서 적용되고 있는지 의문이다. 상대적 강자, 기득권을 가진 사람들은 추가적인 자유나 인권이 필요하지 않다. 기존 질서만으로도 이미 상대적으로 충분한 자유나 인권을 확보하고 있기 때문이다. 따라서 자유, 인권 등의 권리는 그것을 제대로 누리지 못하는 사회적 약자들도 가져야 한다는 당위적 개념이다.

그럼에도 역사 속에서 '표현의 자유'는 대부분 강자들의 권리이자 전유물로서 사용되어왔다. 표현의 자유, 언론의 자유를 강조하는 일부에서는 언어의 자유시장, 사상의 자유시장에서 합리적으로 토론을 거쳐 자연스레 문제 있는 표현을 개선해나가면 된다고 말한다. 하지만 시장경제에도 '시장실패market failure'가 있듯 언어와 사상의 자유시장에서도 강자와 약자는 공정하게 경쟁하지 못한다. 100% 자유로운 시장경제는 인류 역사상 가능하지 않았다.

누가 말하고 누가 받아들이는지에 따라 똑같은 표현이 유머가 되기도 하고 차별이 되기도 한다. 누구에게나 표현의 자유가 허락된 것 같지만 많은 사람은 사회적 지위, 성별, 성정체성, 재산, 장애 여부, 지식 수준, 사용하는 언어 등 다양한 이유로 자신의 주장을 펼치는 데 제약을 받는다.

구성원 상당수가 부패한 집단을 가정해보자. 신입 직원이 정의를 말하며 부정부패를 폭로하면 '표현의 자유'라며 보호받을까? 아니면 신입 직원만 조직에 순응하지 못하는 부적응자로 낙인찍힐까? 표현의 자유가 강자의 권리일 수밖에 없는 이유다. 오랫동안 사회적 약자들은 자신의 어려움을 설명할 언어를 가지지 못했다. 게다가 주류로 살아본 적이 없기에 무엇을 원해야 할지 모르는 경우도 많다. 즉 무엇을 주장해야 할지도 모른다.

'합의'나 '타협' 같은 표현도 강자와 약자에겐 사실상 다른 뜻이다. 취업난 시대에 기업이 신입 직원을 뽑아 근로 계약서를 쓸 때 계약서에 적힌 연봉은 누구 입장에서 '합의'한 걸까? 보편적으로 통용되는 단어나 원칙은 없다. 그래서 '당사자주의'가 필요한 것이다. 말 그대로 당사자들의 입장이다. 장애인 당사자들이 장애에 대한 차별과 혐오 표현을 사용하지 말라고 주장할 때, 장애인은 약자라는 사회적 합의가 존재하기 때문에 이들의 주장에 귀를 기울여보자는 말이다. 그러므로 당사자주의를 보편적으로 적용한다는 것 자체가 모순일 수 있다.

최근에는 '정치적 올바름political correctness, PC'에 대한 강요가 지나치다며 이른바 '과도한 PC주의'가 문제라는 주장도 제기되고 있다. 누군가가 "이건 차별이다, 저건 성희롱이다." 따위의 지적을 하기 시작하면 그들을 독재 권력에 비유하며 "이러다 전체주의 사회가 될 수도 있다."라고 비난한다. '지적질'이 불편할 수는 있어도 전체주의에 비유하는 건 온도 차가 너무 크다.

모두가 알다시피 전체주의 사회에서 '지적질' 같은 건 불가능하다. 전체주의 사회의 핵심은 한 사람을 하나의 정체성으로 규정해 이분법으로 나누는 행위다. 히틀러는

'유대인'이라는 이유만으로 그들을 억압했고, '유대인' 이라는 내부의 적을 상정해놓고 게르만 민족을 하나의 '전체'로 만들려 했다. 차별의 언어는 대부분 한 사람을 하나의 정체성으로 규정하는 데서 발생하는 문제. 혹은 그 하나의 정체성을 부정적인 맥락에 비유하는 문제와 연결된다.

그들이 말하는 '표현의 자유'는 과연 누구를 위한 것인가?

자유, 인권 등 인류 보편적 가치로 여겨지는 단어, 그리고 PC주의에 대한 이야기를 길게 풀어놓은 이유는, 그것이 차별 언어를 지적할 때 우리가 당장 마주할 수 있는 반박이기 때문이다.

과거 이 사회의 주인은 '국민'이 아니라 소수의 권력자였다. 그들이 주도했던 담론과 의제가 있었다. 그러나 민주주의가 발전하면 다양한 이들이 다양한 주장을 펼치기 시작한다. 익숙했던 과거의 담론이나 주장에 비해 거칠거나 낯설 수밖에 없다. 그럼에도 충분히 들어보고, 합리적인 토론을 거쳐서 합의에 이르는 과정이 민주주의다. 그런데 익숙한 것을 폐기하자는 요지의 주장이 제기될 때마다 그에 대한 반론으로 '전체주의'나 'PC주의'를 들먹인다면 우리는 되물어야 할 필요가 있다. 지금껏 주도적으로 발화해온 사람은 누구인가? 표현의 자유는 대체 '누구'를 위한 표현의 자유인가?

'깜깜이 선거', '깜깜이 분양', '깜깜이 심사', '깜깜이 감염' 등에서 '깜깜이'는 모두 투명하지 않거나 잘 알 수 없는 상태를 가리키는 말이다. '깜깜이'에는 "보이지 않으면 알 수 없다", "우리가 모르는 건 보이지 않는 것"이라는 전제가 깔려 있다. 시각장애인은 볼 수 없으므로 어떤 사실을 알 수 없다는 맥락에서 '깜깜이'는 부정적으로 비유된다. 장애인 단체들도 이런 이유로 방역당국에 '깜깜이 환자' 대신 '감염 경로를 알 수 없는 환자'로 바꿔달라고 주장한 것이다. 전체주의 사회가 아니라 그 반대의 사회를 꿈꾸는 사람들의 주장이다.

앞의 칼럼에서 장 작가는 "'깜깜이'는 형용사 '깜깜하다'가 명사화한 것으로, 사람이 아니라 상태를 가리킨다. 시작도 시각장애인과는 관련이 없다. 부동산 업계에서 '깜깜이 청약'이라는 식으로 먼저 쓰였다는 말도 있고,

포커판에서 자기 패를 보지 않는 행동에서 나왔다는 설도 있다."라고 썼다.

이 정도 반박이면 충분하다. 이 쟁점에 대한 발전적 논의가 이뤄지면 된다. 그러나 '깜깜이'가 차별 표현이라고 주장하는 사람이 더 많아진다고 해서, 우리 사회가 그의 우려처럼 《1984》가 그리는 디스토피아가 되는 것은 아니다.

차별 표현이
정치 싸움에 휘말릴 때

2021년 4월 추미애 전 법무부장관이 자신의 페이스북에 쓴 글이 화제가 됐다. "자유로운 편집권을 누리지 못하고 외눈으로 보도하는 언론들이 시민 외에 눈치 볼 필요가 없이 양눈으로 보도하는 [방송 프로그램] '뉴스공장'을 타박하는 것은 잘못"이라는 문장이 발단이었다.

장혜영 정의당 의원은 '외눈', '양눈' 등의 표현이 장애 혐오 발언이라며 사과를 요구했다. 그러자 장 의원의 지적에 대해 방송인 김용민 씨는 "언어 사용 지도편달하게 하려고 이 친구를 국회에 보내셨나? 국어학자쯤 되나?"라며 비꼬았고, 최배근 건국대 교수도 "자칭 진보는 비판에 능숙할 뿐 한국 사회에 필요한 대안을 제시하지 못한다."며 비판했다. 논란이 이어지자 추 전 장관은 국어사전을 동원해 반박했다. 접두사 '외–'에는 "한쪽에 치우친"이란 뜻도 있으므로 자신의 글은 시각장애인 혐오 표현이 아니라 언론의 편향성을 지적한 타당한 표현이라는 주장이었다.

언론의 편향된 보도를 지적하며 '외눈'이란 표현을 사용한 그의 발언은 정말로 장애인 혐오나 차별이 아닐까? 이렇게 질문을 바꿔보자. 실제로 한쪽 눈으로만 보는 시각장애인은 사고방식이나 관점도 편향적일까? 사안을 종합적으로 판단해 합리적인 의견을 내지 못할까? 반대로 두 눈으로 보는 사람들은 편향되지 않고 균형 잡힌 시각으로 세상을 보고 있을까? '외눈'이라고 해서 열등하지 않으며 '양눈'이라고 해서 우월하지 않다는 것이 '외눈'이란 비유가 부적절하다는 문제 제기의 요지다.

"외눈이란 표현을 사용한 것에 사과드리고 앞으로 조심하겠다."는 정도로 입장을 밝혔다면 간단하게 끝났을 사안이었지만, 추 전 장관은 '외눈'이라는 단어가 국어사전에 엄연히 나와 있고 자신은 시각장애인을 비하할 의도가 없었으니 차별이 아니라고 맞섰다.

한국장애인단체총연맹은 성명을 통해 "추미애 전 장관의 '외눈' 발언은 장애인 비하 발언이다. 이번 발언으로 마음이 상했을 장애인들에게 진심으로 사과해야 한다."
라고 주장했다. 포털 사이트 뉴스난에는 연일 '외눈' 발언
에 대한 여야 정치인들의 입장을 담은 기사가 쏟아졌다.

결국 '외눈'은 정쟁의 소재가 됐다. 강윤택 시각장애
인권리보장연대 대표는 단어를 사용하는 의도와 맥락을
봐야 한다고 설명했다. 강 대표는 "한 사람만 사랑한다는
의미로 '외눈박이'를 사용하는 것을 비하라고 볼 수는 없
다. 그러나 추 전 장관의 표현은 장애인을 부정적 의미로
비유했기 때문에 비하"라고 했다. "정치인들의 발언은
지지자와 지지하지 않는 사람에 따라 기준도 달라지는 것
같다. 실수에 대해 '잘못했구나' 하고 넘어갈 수 있지만
지지자냐 아니냐로 나뉘고 여야 할 것 없이 뛰어들어 논
의가 산으로 간다."

이연주 한국시각장애인연합회 정책실장은 "반성을
제대로 안 하는 것도 문제지만 비판했던 사람들도 시간이
지나면 흐지부지되니 [혐오 발언이] 반복되는 것"이라면서
정치인들이 자신들의 정쟁에 '장애'를 이용한 것을 비판
했다.[16] 혐오나 차별 표현을 사용할 때 제재하거나 책임지
는 시스템을 만들어야 하는데 정치적 목적을 가지고 비판
하다가 논란이 잦아들면 잊히고 만다는 것이다.

익숙하게 써온 말이라서
차별 표현이 아니라는 궤변

'외눈박이 시각' 대신 '왜곡된 시각'이나 '편파적인 시각'으로, '외눈박이 방송' 대신 '편파방송'으로 사용하면 불필요한 논란을 일으키지 않으면서도 자신의 생각을 적확하게 전달할 수 있다. 설령 발화자가 '외눈'이 장애 비하 표현이 아니라고 생각하더라도 정쟁의 소재가 된다면 시각장애인들이 받은 상처는 절대 아물지 못할 것이다.

이 논란은 얼마 뒤 자연스럽게 사그라졌다. 사법부는 '외눈박이'를 편향적이라는 뜻으로 사용하는 것이 부적절하다고 판단했다. 2021년 4월, 장애우권익문제연구소는 장애 비하 발언을 한 정치인들을 상대로 차별구제소송을 제기했다. 곽상도 전 국민의힘 의원이 "한쪽 눈을 감고, 우리 편만 바라보고, 내 편만 챙기는 외눈박이 대통령이 되어서는 안 된다."라고 한 발언을 비롯해 '절름발이', '집단적 조현병', '정신분열적', '꿀 먹은 벙어리' 등의 표현을 쓴 전현직 국회의원의 발언을 대상으로 했다.

곽 전 의원이 법원에 제출한 답변서를 보면 "'외눈박이'는 자연 상태에서 1만 6000분의 1 확률로 발생하는 기형"이라면서 "한쪽 눈만 가진 사람을 본 적이 없어 가상 개체로 생각했다."라고 주장했다. 자신이 본 적이 없다는 이유로 '가상 개체'라고 주장할 수 있는 편협함에 다시 한번 놀랐다. 조태용, 김은혜 의원은 자신들이 사용한 '정신분열'과 '꿀 먹은 벙어리'가 관용구처럼 사용된다고 주장했고, '집단적 조현병'을 쓴 허은아 의원은 국회의원의 면책특권을 주장했다. 자신에게 익숙하니 차별이 아니라는 주장이나 대놓고 면책특권을 주장하는 것 모두 잘못된 우월의식이다.

법원은 '외눈박이' 등 해당 발언들이 부적절하다면서도 장애인 개개인에 대한 모욕으로 보기 어렵고, 배상 책임을 인정하면 정치적 의견 표현이나 자유로운 토론을 막을 수 있다고 판결했다. 술은 마셨지만 음주운전은 아니라는 말인가.

그 말에 상처 입는
누군가가 있다면

'반팔 티', '반팔 티셔츠'. 수없이 들었고 말해왔지만 이
상하다는 생각을 한 번도 해본 적이 없었다. 한 라디오 방
송에서 출연자가 "반팔, 뭔가 좀 이상하지 않아요?"라고
질문하기 전까지는.

고려대 국문과 신지영 교수는 한 방송에서 "반팔이라
면, 팔이 반이라는 뜻 아닌가요? 사실은 소매가 반이지 팔
이 반인 것은 아니잖아요."라고 말했다. 이 말을 듣고 한
동안 생각해봤다. '반소매 티셔츠'라는 말을 못 들어본
건 아니었지만 '반팔 티셔츠'가 더 익숙했다. 반면 반바
지의 경우는 바지 길이가 반이라는 표현을 정확하게 사용
하고 있었다. '반다리'라는 표현은 들어보지 못했으니까.

신 교수는 한 장애인이 "반팔이라는 말을 들을 때마

다 마음이 불편하고 깜짝깜짝 놀라서 상처가 된다."라고 쓴 글을 읽고 나서 '누군가에겐 그 표현이 불편할 수 있겠다.'는 생각이 들었다고 했다. 사람들이 장애를 비하하거나 특정한 의도가 있어서 '반팔'이라고 말하는 건 아니지만, 그 단어가 누군가에게 불편할 수 있겠다는 생각에는 공감이 갔다. 장애가 있다는 이유로 주목을 받는 것도 불편할 텐데 그 표현을 전 국민이 아무렇지 않게 사용하는 게 달가울 리 없지 않은가.

신 교수는 '반팔'이 '온팔'에서 나온 말이라는 점에 주목했다. 온팔은 팔이 온전히 있어야 한다는 말이고 그에 미치지 못하는 팔을 반팔이라고 부르면서 나온 말이라는 설명이다. 온팔과 반팔. 정상성에 기초한 소외가 자연스레 차별과 연결된 것이다. 그는 다양성을 존중하지 못하는 '반팔 티'보다는 '반소매 티'로 바꾸자고 제안했다. 물론 이런 주장에 공감하지 않는 사람들이 있을 것이다. 그러나 '반팔 티'가 차별의 언어라고까지 생각하진 않더라도, '반팔'보다는 '반소매'가 더 정확한 단어라는 데는 동의할 수 있지 않을까.

비슷한 표현으로 '외발자전거'가 있다. 굳이 바퀴가 하나인 자전거를 다리가 하나인 장애에 비유할 필요가 있을까. '외바퀴 자전거'나 '한 바퀴 자전거'라 쓸 수 있고 불필요한 논란도 없앨 수 있다. 다행히 최근에는 '외바퀴 자전거'나 '한 바퀴 자전거'도 많이 쓰이고 있다. 아울러 '두발자전거' 역시 '두 바퀴 자전거'가 더 정확한 표현이다.

언어장애가 있다고
소통이 불가능한 것은 아니다

이 밖에도 장애를 비유로 '이용'한 표현은 우리의 일상 언어 속에서 쉽게 찾을 수 있다. 노력하지 않고 쉽게 얻은 돈, 공짜으로 얻은 돈을 '눈먼 돈'이라고 한다. 흔히 언론에서는 제대로 감시받지 않고 허투루 쓰인 세금을 지적할 때 관용적 표현으로 사용한다. 심지어 장애인 관련 내용을 보도하면서 부정적인 상황에 장애를 비유로 활용한 기사도 있다. 기사의 제목은 〈장애인 돌보랬더니 담합해 지원금 편취… 상반기 환수한 '눈먼 돈' 175억〉[11]이었다. 장애인 단체는 '눈먼 돈'을 '대가 없이 얻은 돈', '공돈' 등으로 대체해야 한다고 주장한다.

'벙어리장갑'은 왜 '벙어리장갑'인지 알기 어렵다. 연원은 차치하더라도 '벙어리'는 언어장애인을 낮잡아 이르는 말이므로 지양해야 할 표현이다. 벙어리장갑의 어원은 명확하지 않고 여러 설이 있다. 벙어리가 "푼돈을 넣어 모으는 질그릇"을 뜻했는데(벙어리저금통) 벙어리장갑 모양이 질그릇처럼 생겨서 붙은 이름이라는 주장이 있다. 또 다른 설은 언어장애인은 성대와 혀가 붙어 있다고 믿은 옛날 사람들이 네 개의 손가락이 붙어 있는 모양의 장갑을 보고 벙어리장갑이라고 불렀다는 것이다.[12] 설이야 어떠하든 언어장애인을 장갑의 생김새에 비유하는 것은 잘못이며, '엄지장갑'이나 '손모아장갑'으로 대체하자는 주장이 힘을 얻고 있다.

'벙어리'에 대한 한국인의 관심(?)은 대단하다. 벙어리가 들어가는 속담이나 관용어는 꽤 많다. '귀머거리 삼 년 벙어리 삼 년', '꿀 먹은 벙어리', '벙어리 냉가슴', '반 벙어리 축문 읽듯', '벙어리가 서방질을 해도 제 속이 있다', '벙어리 두 몫 떠든다', '벙어리 마음 벙어리도 모른다', '벙어리 마주 앉은 셈' 등등. 그런데 이 속담들은 실제 언어장애인을 가리키는 표현이 아니다. 특정 상황에서 해야 할 말이나 하고 싶은 말을 못 하는 처지를 부정적으로 비유하는 표현이다. 이는 편견 위에 쌓은 잘못된 비유다. 언어장애인이 실제 음성언어 사용에 어려움이 있다고 해서 자기주장을 할 수 없는 존재로 그려선 안 된다. 필담, 문자 통역, 수어 등 다양한 수단으로 언어장애인과 소통한다면 그들은 더 이상 장애인이 아니다.

한국 수어법에 따르면 수어는 한국어와 동등하다. TV에서 수어 통역을 의무화하자는 사회적 합의가 만들어지고, 방역 당국이 코로나19 현황 브리핑 때 수어 통역사와 함께 등장하는 까닭이다. 언어장애인은 '벙어리'가 아니다. 언어장애인도 의사소통을 할 수 있다.

차별은 어떻게 재생산되는가

'결정장애'와 '선택장애'는 결정을 해야 할 상황에서 쉽게 결정을 내리지 못하는 사람이나 그런 성격을 가리키는 신조어다. 이 표현을 둘러싼 해석이 사뭇 진지해서 소개하지 않을 수 없다.

위키백과에서 '결정장애'를 검색하면 결정장애의 뜻을 설명한 뒤 "결정장애는 의학적으로 '질병'이라고 인정되지 않기 때문에 혼동을 피하기 위해서는 '결정장애'보다는 '선택불가증후군' 등이 더 나은 표현이다."라고 덧붙인다. 장애나 질병으로 인정되지 않았으니 '병적인 증상' 정도로 보자는 주장이다. 이런 황당한 소개 아래 각주에는 〈'결정장애'를 극복하기 위한 11가지 방법〉[13]이란 제목의 기사가 하나 링크돼 있다. 그런데 기사는 "결정장애는 병이 아니다. 다만 복잡한 원인으로 인해 발현한 뒤 오랜 기간 강화된 조금 지독한 습관일 뿐이다."라고 시작된다. 결정장애가 병이라는 입장과 아니라는 입장을 균형 있게 소개한 것이라고 봐야 할까?

누군가는 결정 내리는 것을 어려워하는 성격을 '결정장애'라는 신조어로 만들고 재밌어했을 것이다. 그런데 이 말에 담긴 차별의 의미를 발견하지 못하면서 관련 논의가 쓸데없이 진지하고 엉뚱하게 흘러갔다. '결정장애'가 병인지 습관인지는 중요하지 않다. 핵심은 부정적인 상황을 또다시 '장애'로 표현했다는 점이다. 결정을 '못하는' 현상을 '장애'로 부른 게 문제다. 이를 대체할 수 있는 말로 '햄릿 증후군'이 있다. "죽느냐 사느냐 그것이 문제로다."라는 대사로 대표되는 셰익스피어의 《햄릿》에서 주인공이 고뇌하는 데서 착안한 단어다. 일상에서 좀 더 자주 사용하는 '우유부단하다'로 대신할 수도 있다.

장애가 열등하다는 차별 인식을 반영한 신조어는 아직도 계속 생산되고 있다. 스마트폰의 일상화로 '셀카(셀피selfie) 문화'도 확산됐다. 그러면서 셀카를 잘 찍지 못하는 사람을 일컬어 '셀카 고자'라고 부르기 시작했다. '고자'는 생식 기관이 불완전하거나 성기능에 장애가 있는 남성을 뜻하는 말이다. 주로 연예 기사에서 2014년경부터 '셀카 고자'라는 표현이 등장했다. 누리꾼과 연예 매체는 연예인이 SNS에 올린 사진을 보고 셀카 실력을 평가했다. 일부 연예인들은 스스로 '셀카 고자'임을 선언하기도 했다. 줄여서 '셀고'. 연예인도 쓰고 기자들도 쓰면서 셀카 고자라는 말이 정착됐다. 그러자 온라인 커뮤니티에서는 왜 남성에 대한 부정적 표현을 쓰냐며 셀카 고자라는 표현을 쓰지 말자는 주장이 나왔는데 문제는 그 다음이다. '셀고' 대신 '셀카 폐경'을 쓰겠다고 나온 것이다. 그야말로 첩첩산중이다. 그 밖에도 온라인 공간에서는 '병신'이라는 장애 비하 표현이 '병신크리', 줄여서 '병크', '병맛' 등 신조어로 개발(?)되기도 한다.

　시대가 변하듯 언어도 끊임없이 변화하고, 신조어가 만들어지는 것 또한 당연하다지만 이렇게까지 다양한 차별 표현이 만들어지고 의심 없이 사용되는 것을 볼 땐 신기할 지경이다. 2013년 3월의 일이다. 성균관대학교 전기전자컴퓨터공학과 남학생들과 이화여자대학교 특수교육학과 여학생들의 미팅 자리에서 있었던 일이 온라인에서 논란이 됐다. 남학생들이 여학생들에게 이른바 'JM'을 시켰기 때문이다. 당시에 'JM'이란 말을 처음 듣고 대

체 무슨 신조어인가 한참을 생각해봤지만 도저히 추측할
수 없었다. 알고 보니 'JM'은 지체장애인을 흉내 내며 '우
스꽝스럽게 FM을 하는 것'이었다. 여기서 FM은 자신의
대학, 학과, 학번, 이름 등을 큰 소리로 소개하는 것이다.
본래 FM은 군대에서 훈련 지침으로 삼는 야전교범Field
Manual의 약자로, 대학에서 선배들이 신입생들의 '군기
를 잡는' 수단으로 활용하면서 정착한 문화로 알려졌다.
충격적이게도 'J'는 '장애인'을 뜻하는 것이었다. 여전히
FM이 남아 있다는 사실도 안타까운데 이를 장애 비하 용
어로 변형했다니 충격이 이만저만이 아니었다.

당시 이 일에 대한 글을 올린 특수교육과 학생에 따르
면 여학생들이 미팅 후에 "말실수한 게 아니냐."고 따지
자 남학생들은 "그게 우리 문화"라며 받아쳤다고 한다.
논란이 커지고 언론에서도 비판적으로 이 사안을 다뤘
다. 장애인을 가르치는 일을 공부하는 '특수교육과' 학생
이라는 이유로 장애인과 연결 지어 비하한 것에 대해 장
애인 희화화라는 비판과 함께 여성을 함부로 대하는 성차
별이라는 지적도 나왔다. 논란은 얼마 안 가 잠잠해졌지
만 미팅 자리에 있던 한 남학생이 JM을 자신들의 '문화'
라고 답한 것은 오랫동안 찜찜한 채로 남았다.

장애인은 '등급'으로
구분되는 대상이 아니다

온라인상 신조어는 아니지만 새롭게 정착하길 기대하는
단어도 있다. 1989년 '장애자'가 '장애인'으로 바뀐 장애
인복지법 개정 당시, 법에선 장애인을 1~6등급으로 나눴
다. 장애를 신체적 장애와 정신적 장애로 나누고 신체적
장애는 외부 신체 기관과 내부 신체 기관 장애로 분류했
다. 정신적 장애는 지적장애(과거 '정신지체'), 정신장애, 발
달장애로 구분했다.

장애를 6등급으로 나눈 것에서부터 비인간적인 분위
기가 풍긴다. 성적으로 학생들에게 등급을 매기던 일도
떠오른다. 우리가 한우도 아니고 왜 등급을 매기냐고 반
항했던 친구도 생각난다. 은연중에, 그러나 실제로는 겉
으로 빤히 드러나게 등급에 따른 차등 대우가 있었고, 결
국 사회적 차별로 이어지는 경험들은 지금도 어렵지 않게
찾을 수 있다.

그동안 장애인은 장애 등급제 폐지를 주장해왔다. 장
애인은 행정 편의상의 등급으로 구분될 대상이 아니다.
장애의 종류가 많고 각자 장애의 정도도 다르다. 장애인

마다 지원 방식도 각기 다를 수 있다. 일률적인 지원 체계로는 당사자의 필요가 반영되기 어렵다. 사람 수만큼 다양한 장애인의 욕구에 따라 장애인 중심의 지원 체계를 구축하고 장애 등급제를 폐지해야 한다는 주장이 사회적 공감을 얻었다.

2019년 정부는 장애 등급제의 단계적 폐지를 내걸었다. '장애 등급'이 '장애 정도'로 변경되었고 기존 1~3등급은 '장애의 정도가 심한 장애인'으로, 4~6등급은 '심하지 않은 장애인'으로 인정한다. 그러나 충분한 예산 반영 없이 장애 '등급'제를 '단계'적으로 폐지하겠다는 말은 모순이다. '등급'의 수를 줄이겠다는 말장난일 수밖에 없다. 장애인 수요를 고려한 예산 확충과 맞춤형 지원이 없는 장애 등급제 폐지는 더 나은 삶을 보장하지 못한다.

진정한 의미로 장애 등급제가 완전히 폐지된다면 정부와 여러 현장에서 '장애 등급'이라는 말도 사라질 것이다. 장애는 '등급'이 아니라 '다름'이다.

정신장애가 있다고
그런 행동을 하는 건 아니다

정신장애인은 인권의 언어에서 사라져 있다. 정신장애인을 가리키는 표현들은 그 자체가 욕설이다. 온라인 댓글은 물론 정치권에서도 공공연하게 사용된다. 2021년 야당 의원들이 '북한 원전 건설 추진 의혹'과 관련해 여당에게 "국민을 우습게 아는 것이 아니라면 '집단적 조현병'이 아닌지 의심될 정도"라고 비난했다.[14]

해당 사안이 왜 부적절한지 근거를 들어 비판하면 될 텐데 느닷없이 왜 '조현병'이란 단어가 나온 걸까? 한 달 뒤에는 또 다른 국회의원이 "대통령의 갈팡질팡 대일對日 인식, 그러니 정신분열적이라는 비판까지 받는 것 아닌가."라고 비난했다.[15]

한국의 정치인들이 정신장애 관련 표현을 이용해 상

대 정당 정치인들을 비난하고 이를 서로 확대 재생산하는 현상은 어제오늘의 일이 아니다. "미친 듯이 설쳤다", "금강, 영산강 보 파괴는 미친 짓", "정상인처럼 보여도 정신장애인들이 많다", "그 사람은 정신병이 있다", "그의 정신 상태가 조금 걱정된다", "대통령이 사회를 정신분열적 상황으로 몰고 갈 수 있다." 등등. 정치권에서 나온 정신장애 비하 발언은 일일이 나열하기도 버겁다.

존재 자체를 부정당하고
사회적 죄인이 된 사람들

'정신장애'는 과거엔 '정신병자', '미친 사람', '광인' 등으로 불렸다. 16세기 르네상스 시대에는 광인을 찬양하는 문화도 있었다고 한다. 광인을 지금처럼 잡아 가두기보단 방임했다. 그들을 신과 인간의 사이에 있는 존재로 봤기 때문이다. 물론 문제가 생기면 추방했지만 감금하거나 치료하려 하진 않았다. 그러다 17세기 중반 대감금의 시기부터 이른바 '비정상인'들을 잡아 가뒀다. 자본주의가 발전하면서 그들은 성실이라는 덕목이 필수적이라고 여겨지는 임금노동을 감당하기 어려운 존재였기 때문이다. 또한 당시 형벌 제도는 잔인한 신체형을 줄이고 감금형 등으로 변화하기 시작했다.

현대와 같은 형태의 정신병원이 생긴 건 18세기 말엽부터였다. 광인은 감금의 대상이면서 치료의 대상이 됐다. 지금도 정신장애인들이 강제 입원과 일부 정신병원의 심각한 인권 침해를 증언하듯 당시의 치료는 고문에 가까웠다. 우울증이 몸속 점액질을 발현시킨다며 하루 종일 따뜻한 물속에 담가놓거나 우울증 환자들이 게을러지는 걸 막아야 한다며 밀폐된 방에 가둔 채 물을 틀어놓고 계속 퍼내게 했다.

이제 광인은 '정신질환자'이자 열등한 존재로 추락했다. 정신질환자는 의학을 통해 완치가 가능하다고 여겨졌고, 정상과 비정상을 구분하는 의학 권력이 정신질환자들을 통제했다. 오늘날 그 당사자들은 정신질환자보다는 '정신장애인'이란 단어를 선호한다. 비정상에서 정상으로 가는 치료의 과정이 아니라 사회가 함께 관리하며 살아간다는 장애가 더 적확하다는 판단에서다.

정신장애는 장애인복지법에서 규정한 15개 장애 유형 중 하나로 조현병, 조울증, 불안장애, 강박증, 외상 후 스트레스, 주의력결핍과잉행동장애ADHD 등의 정신질환을 뜻한다. 정신장애는 지능이 낮은 발달장애와 다르다. 발달장애는 유전이나 환경 호르몬 등의 이유로 의사소통이나 인지 발달이 다소 늦는 것이지만 정신장애는 학대나 여타 대인관계에서 받은 스트레스 등 사회적 요인으로 생긴다.

세계보건기구WHO 등 국제 사회는 의료적 관점의 용어인 '정신질환mental illness'보다는 사회적, 문화적 맥락이 담긴 '정신장애mental disorder'를 권유한다. 개인의 질병 차원의 문제로 보기보다는 한 사회가 이를 어떻게 관리하고 품어내는지가 더 중요하다는 맥락이다. 그러나 이런 변화와 달리 현실은 그대로다. 오랫동안 '광인'을 '일반인', '정상인'과 동떨어진 사람으로 취급해온 역사 탓에 정신장애인들은 자신들이 모욕의 대상이라는 사실에 지속적으로 상처를 받는다.

정신장애를 가리키는 표현 그 자체가 욕설로 사용되거나 범죄자 또는 비윤리적인 사람을 비유할 때 사용되는 사례가 우리의 언어생활에는 너무 많다. 앞서 살펴봤듯 많은 정치인이 앞 다퉈 정신장애 비하 표현을 사용하고 그에 대해 비판을 받아도 사과 한마디 없이 외면하는 현상은 여전히 정신장애인들이 공동체의 일원으로서 존중받지 못하고 있음을 짐작하게 한다.

영화 〈F20〉(홍은미, 2021)의 제목으로 쓰인 'F20'은 조현병의 질병 코드를 말한다. 주인공 애란이 홀로 키운 아들은 명문대 대학생이 되어 그들이 살고 있는 임대아파트 주민들 사이에서 동경의 대상이다. 어느 날 애란은 아들이 군입대 후 조현병이 발병했다는 소식을 듣게 된다. 자신의 자랑거리였던 아들에게 조현병이 흠이 될까, 일상을 망치는 건 아닐까 걱정하던 애란은 환시와 환청에 시달리는 아들을 감싸고 이해하기보단 감추려 한다. 애란의 비밀을 알고 있는 경화가 같은 아파트로 이사를 오자 애란은 아들의 조현병이 알려질까 불안해한다.

"그냥, 미친 게 죄야."라는 대사처럼 영화는 조현병을 이해하는 것이 아닌 차별을 강화하는 방향으로 흐른다. 장애인단체들은 상영 중단과 제작사의 사과, 재발 방지책 등을 요구했다. 이 영화가 거센 비판을 받은 이유 중 하나는 조현병이 있으면 납득할 수 없이 폭력적인 모습을 보이고 남을 해친다는 편견을 재현했기 때문이다.

실제 통계를 보면 정신장애인의 범죄율은 비장애인의 범죄율에 비할 바가 안 된다. 2015년 전체 범죄 발생 건수 (177만 1390건) 중 0.39%(6890건), 강력범죄는 2.63%에 불과

하다. 그럼에도 정신장애에 대한 언론 보도 행태 때문에 정신장애에 대한 불안과 공포는 광범위하게 퍼져 있다. 범죄와 정신장애가 직접적 관련이 없다 하더라도 정신장애를 가진 사람이 범죄를 저지르면 거의 예외 없이 가해자의 정신장애를 기사에서 강조한다. 그 때문에 '역시 정신병을 가진 사람은 위험해.'라는 편견은 강화되고, 실제로는 남을 해치기는커녕 남에게 싫은 소리 한마디 못 하는 대다수 정신장애인은 또다시 위축된다. 만일 범죄가 벌어질 때마다 범죄자가 사는 지역을 강조한다면 어떤 일이 벌어질까? 사람들은 자연스럽게 '그 지역은 위험한 도시'라고 생각하게 될 것이다. 특정 성별을 강조하거나 특정 직업군을 강조하는 보도 행태가 위험한 이유다.

정신장애인 당사자들이 정신장애인을 위해 창간한 매체 《마인드포스트》는 〈'조현병 환자'가 아니라 '조현병을 가진 사람'으로 불러주세요〉[16]라는 칼럼에서 "조현병 운전자 고속도로 역주행", "40대 조현병 의사 집유 선고" 등 사건사고 기사 제목에 '조현병'을 쓴 사례를 거론하며 왜 굳이 '조현병'이라는 단어를 넣어야 했는지 의문이라고 지적했다. 여직원, 여의사, 여교수 등 굳이 '여'라는 성별을 넣을 필요가 없고, 누가 암에 걸렸다고 해서

'암 운전자', '암 직원', '암 의사'라는 어색한 표현을 사용하지도 않는다. 그런데 조현병 환자는 꼭 '조현병 운전자', '조현병 의사' 등 조현병 사실을 강조한다. '암 운전자', '암 의사'보다는 '암을 앓고 있는 운전자', '암을 가진 의사' 등의 표현이 더 자연스럽듯이 굳이 조현병을 강조해야겠다면 '조현병 운전자'가 아니라 '조현병이 있는 운전자'로 쓰자고도 제안했다.

"사람은 저마다 복잡하고 다양한 특성과 차이를 갖고 있는데 '조현병 운전자'와 같은 표현은 그 사람의 특징을 조현병 하나로 단정하고 낙인찍는 것과 같기 때문입니다. 차라리 '조현병을 가진 운전자'가 조현병을 그 사람이 가진 여러 특성 중 하나로 받아들여질 것입니다."

정작 더 위험한 것은
정신장애를 이해하지 않는 사회

어렸을 때 친구를 놀리기 위해 선천적, 신체적 특징을 잡아내 그 친구를 불렀던 경험을 떠올려보자. 눈이 나빠 안경을 쓴 친구에게 "어이, 안경!", "안경잽이"라고 부르거나 키가 좀 작은 친구에게 "땅꼬마"라고 부를 때 이는 달갑게 받아들여지지 않는다. 상대방에게 콤플렉스일 수도 있는 특징을 콕 집어 부르는 행위는 소외를 부른다. 마찬가지로 조현병 역시 당사자의 수많은 정체성 중 하나에 불과하다. '조현병'으로 한 사람을 부정적인 맥락에서 규정해버린다면 이는 불필요한 수식어다. 조현병을 가진 건 사실이지 않냐고? 그렇다고 해서 이 병을 범죄의 직접적 원인이라고 확정해 기사 제목으로 뽑는 것은 타당한가?

정신장애가 있다고 범죄를 저지르는 것은 아니다. '심신미약'이 감형의 조건이라는 이유로 흉악 범죄자들이 정신장애를 자처하지만 정작 대다수 정신장애인은 그런 범죄자들과는 거리가 멀다. 가족들에게, 주변 지인들에게, 혹은 사회적 관계에서 상처를 입은 피해자에 더 가깝다. 정신장애가 있다고 남을 깔보거나 매사에 도덕적으로 옳지 않은 행동을 하는 것도 아니다.

오히려 현실에서 그들은 일상적으로 차별을 마주한다. 장애인차별금지법이 있고, 장애인을 차별해야 한다고 말하는 사람은 많지 않지만 '심신박약자의 보험 계약은 무효'라는 규정을 근거로 (설령 심신박약자에 해당하지 않더라도) 보험 가입을 거절당한다. 채용이나 면접 시에는 차별을 피하려 정신장애 사실을 숨기는 경우가 다반사다. 목욕탕이나 종교 단체 등 일상적인 공간에서도 쫓겨난다. 특히 정신장애인 여성들의 경우 성범죄에 쉽게 노출된다. 남들과 똑같은 주장을 하더라도 동등하게 인정받지 못하고, 자신의 의지와 관계없이 강제 입원 제도를 통해 신체의 자유를 쉽게 박탈당할 위험 속에서 산다.

범죄자가 감금당하는 세상에서 쉽게 감금'당하는' 그들이 곧 범죄자처럼 취급받는 꼴이다. 치료를 시작하면 차별도 동시에 시작되기 때문에 증상이 발현한 후부터 첫 치료를 받으러 가기까지의 기간도 길다. 영국 30주, 미국 52주, 캐나다 56주인 데 비해 한국은 84주(2008년 기준)나 된다.[17]

정신장애인이 위험한 게 아니라 한국 사회가 아직 '정신장애'를 제대로 이해하지 못하고 있는 게 더 위험하다. '정신병'과 관련된 말이 심각하게 오염됐다는 사실보다 '미쳤다'는 말을 당연하게 욕설처럼 써도 된다는 생각이 더 위험하다.

혐오와 신성시는
동전의 양면

〈팔이 없으면 입으로… 이것이 패럴림픽〉, 〈입으로 날린 감동 스매싱… 양팔 없는 하마드투의 도전〉, 〈아프간 육상… 대표 장애도, 국경도, 정치도 뛰어넘어 날았다〉.[18]

　패럴림픽이 열리면 난리다. 말로는 장애인 올림픽에도 관심을 가져야 하고 장애인을 차별하면 안 된다고 강조한다. 실상은 좀 다르다. 패럴림픽을 중계하거나 보도하는 언론을 보면 패럴림픽을 올림픽에 연결하지 못한 것 같다는 느낌을 받을 때가 많다. 참가 선수들의 장애를 강조한 뒤 이러한 장애를 딛고 감동의 드라마를 썼다는 이야기를 끌어내기 위해 갖은 노력을 다한다. 장애인들의 스포츠 경기를 다루면서도 '장애는 극복해야 할 걸림돌'이라는 전제가 곳곳에 녹아 있다.

언론은 비장애인 올림픽이나 평상시 스포츠 관련 보도를 할 경우 승리한 선수나 팀, 성적 등을 제목으로 강조한다. 그러나 패럴림픽이나 장애인 스포츠 관련 보도를 보면 선수나 성적 같은 스포츠의 다양한 요소들은 뒷전으로 밀려나고 그 자리에 그가 가진 장애나 장애를 극복하는 이야기가 중심에 놓인다.

다음 기사를 보자. 〈한 팔 피트니스모델 김나윤, "피트니스로 좌절을 이겨냈다. 장애인들에게 동기부여가 되고 싶어 대회에 출전한다"〉.[19] 제목을 뜯어보면 "한 팔"이라는 그의 장애가 강조됐고, "좌절을 이겨냈다"는 장애 극복 서사가 담겼으며, "[다른] 장애인들에게 동기부여"를 한다. 장애를 그 자체로 인정하는 보도가 아니다. 심지어 인터뷰 기사에서 기자는 김나윤 씨에게 "장애를 극복하는 것이 쉽지 않았을 텐데"라고도 물었다. 장애는 좌절이고 이겨내야 할 대상이라는, 지겹도록 반복된 '장애 극복 서사'의 사례다.

장애는 '극복'하는 게 아니다. '장애'와 '극복'은 오랫동안 함께 붙어 다녔다. 붙어 있는 게 익숙할지 모르지만 사실은 서로 어울리지 않는 단어다. 흔히 장애를 '인정'해야 한다고 주장한다. 인정은 "그 자체를 있는 그대로 여기는 것"이다. 장애를 있는 그대로 보고 그 사람의 수많은 정체성 중 하나라고 여기면 된다. '장애'에만 집중된 머릿속의 그 생각이 없어져야 한다.

장애인정책모니터링센터가 2018년 평창 동계패럴림픽 당시 10대 일간지를 모니터링하고 스포츠 보도에서 '피해야 할 다섯 가지'를 정리했다.

1. 장애인을 '인간 승리의 드라마' 혹은 '감동의 원천'으로 묘사하는 경우
2. "소아마비를 딛고"처럼 '장애 극복'을 강조하는 경우
3. 신체 손상을 상세하게 부각하거나 장애와 질병을 동일시하는 경우
4. 장애를 무기력함, 불행, 절망, 수치 등으로 묘사하는 경우
5. 장애인 가족(특히 배우자와 어머니)을 죄인 또는 영웅으로 묘사하는 경우

그러나 현실은 딴판이었다. 2021년 도쿄 패럴림픽 당시 주요 일간지 기사 제목 몇 개만 찾아봐도 이 다섯 가지에 해당하는 경우가 많다. 〈다리를 못 써도… 우리의 바퀴는 멈추지 않는다〉, 〈발로 공 띄워 서브… 양팔 없어 라켓

물고 스매시〉,〈세계 유일 손발 없는 펜싱 선수, 패럴림픽 2連覇〉,〈백색증도 시각장애도 뛰어넘은 鐵의 여인〉…. 이는 모두 한 일간지의 기사 제목이다. 그 흔한 선수 이름 하나가 보이지 않는다. "팔이 없다", "손발이 없다", "다리를 못 쓴다" 등 선수보다 장애를 부각하고 이를 뛰어넘거나 극복하는 내용을 담았다.

포털 사이트에서 '패럴림픽'과 '극복'을 함께 넣어 검색하면 장애 전문 매체를 자처하는 곳에서도 장애 극복 서사가 나온다. 한 공영방송의 유튜브 채널 영상〈한쪽 팔다리가 마비돼도… 양쪽 팔이 없어도… 패럴림픽 감동의 탁구 명승부!!〉[20]에선 패럴림픽 탁구 경기 영상을 보여주며 "양팔이 없다", "심지어 백스핀도 가능하다", "감각을 잃어버린 팔로 스매시를 꽂아 넣어", "세상의 편견을 뛰어넘는 혼신의 랠리" 같은 자막을 넣었다.

장애 극복 서사에 담긴
'혐오'와 '신성시' 모두 거절한다

장애 극복 서사를 지양하자는 주장은 최근에 제기된 게

아니다. 2008년 장애우권익문제연구소가 발간한《장애인인권방송지표 가이드북》에서는 '장애인 보도 3대 원칙'을 다음과 같이 제시했다.

첫째, 사람보다 장애를 강조해서는 안 된다. 둘째, 장애인을 동정과 보호의 대상으로 묘사해서는 안 된다. 셋째, 부정적 이미지와 잘못된 용어를 사용해 장애인을 비하하거나 인격을 침해해서는 안 된다.

영국의 장애학자 콜린 반즈Colin Barns는 대중 매체가 장애인을 묘사할 때 흔히 저지르는 문제 10가지를 지적했다.

1. 장애인을 동정 및 연민의 대상으로 묘사한다.
2. 장애인을 폭력의 대상으로 묘사한다.
3. 장애인을 죄악의 대상 또는 악인으로 묘사한다.
4. 장애인을 특정한 분위기 또는 호기심을 자아내기 위한 도구로 활용한다.
5. 장애인을 '슈퍼 병신supercripple'으로 묘사한다.
6. 장애인을 조롱의 대상으로 묘사한다.
7. 장애를 장애인의 최대 적으로 묘사한다.
8. 장애인을 사회적 부담으로 묘사한다.

9. 장애인을 성적으로 비정상적인 존재로 묘사한다.

10. 장애인을 이 사회에 완전히 참여할 수 없는 존재로 묘사한다.

그렇다면 우리는 어떻게 해야 할까? 그냥 비장애인을 바라보듯 대하면 된다. 누군가가 자신의 전문 분야에서 큰 성과를 거뒀는데 그가 장애인일 뿐이다. 그는 장애를 극복한 게 아니라 누구나 그렇듯 메달을 따거나 경쟁에서 이기기 위해 노력했을 뿐이다.

스포츠 중계를 한다면 경기의 규칙이나 기술과 관련해 전문적 설명이 필요할 경우 장애를 연관 지어 설명할 수는 있을 것이다. 가령 휠체어를 타고 하는 농구 경기의 경우 휠체어도 선수 신체의 일부로 여기기 때문에 휠체어를 맞고 공이 라인을 벗어나면 공 소유권이 바뀐다. 세세하게 규칙도 다르고 이에 따라 보는 맛도 달라진다. 보도나 중계에 이런 '다름'이 담기면 된다. 이런 경우가 아니라면 '장애'라는 특정 정체성에 꽂혀서 '우열'을 언급할 필요도, 호들갑을 떨 필요도 없다.

장애인을 향해서만 유독 "희망을 가져라."라는 메시지를 전할 필요도 없다. 그 말엔 장애인은 희망이 없는 존재라는 뜻이 숨어 있다. 장애를 질병의 일종으로 보는 것도 장애인에게 희망과 극복의 메시지를 주입하는 것과 같다. 장애인이지만 열심히 노력해서 성공한 사람을 영웅시하는 풍토 속에는 장애를 '극복'하지 못한 이들에 대한 혐오가 숨어 있다. 혐오와 신성시는 동전의 양면이다. '혐오'와 '신성시' 모두 거절한다.

아픈 몸, 다른 몸의 언어를 들을 때

아플 수밖에 없는 세상이다. 선천적으로 몸이 약한 사람, 산업 재해와 직업병, 과도한 스마트폰 사용, 여러 형태의 폭력에 의한 후유증, 기후 변화, 열악한 주거 환경, 식생활 수준 등 이유도 다양하다. 이 때문에 '건강 불평등' 개념이 사회적 합의를 얻은 지 오래다. 경제 수준이 건강에 영향을 주고 소득 수준에 따라 자주 나타나는 질병의 종류도 다르다. 어느 지역에서 다치느냐에 따라 죽고 사는 확률에도 차이가 난다. 지극히 사적인 일처럼 보이는 아픔과 건강도 알고 보면 사회적이다.

'건강'을 강조하는 사회에서 아픈 사람들은 열등한 위치에 서게 된다. 사람들은 아프면 병원에 가서 얼른 치료받은 뒤 건강한 모습을 되찾길 기대한다. 아니, 건강한 모습으로 나타나야 한다고 생각한다. 병원에서도 원인을 모르거나 갔다 와도 별 진전이 없는 경우가 있지만, 그럼에도 아직 한국 사회에서 질병은 개인 탓이다. 개인이 온전히 감당해야 하고 혼자서 이겨내야 한다. 건강할 때 건강을 지키지 못했다는 의심의 눈초리가 따라다닌다.

아픈 사람이 문제일까, 아픈 사람을 배제하는 사회가 문제일까. 한국 사회는 '건강한 성인 남성의 몸'을 표준으로 정하고 이에 미치지 못하는 몸을 배제해오고 있다. 누가 아픈 사람들을 대놓고 차별해왔느냐고 반문할 수도 있을 것이다. 그러나 동성애 혐오자들이 하는 것처럼 적극적인 공격만이 혐오와 차별의 범주에 드는 것은 아니다. 자신의 고통을 제대로 공감받지 못하거나 예민한 사람으로 취급받아 발언권을 잃는 등의 상황도 포함된다. 아픈 사람들은 아픈 상태를 쉽게 의심받고 회복을 강요당한다. 아프다는 이유로 사회생활에서 배제되고, 심지어 의료 행위 과정에서 아픈 당사자가 전문가가 아니라는 이유로 배제된다.

예능 프로그램 〈오은영의 금쪽 상담소〉에서 배우 이윤지 씨가 했던 말이 인상적이었다. 그날 출연자였던 가수 에일리 씨가 평소 활달한 이미지 탓에 속마음의 상처를 쉽게 말하거나 들여다보지 못한다고 털어놨다. 이를 듣던 이윤지 씨가 의사인 자신의 배우자에게 들은 사연을 전했다. 병원에서 환자 한 분이 자꾸 다리가 아프다고 했다. 그런데 그 환자는 최근에 다리를 절단한 사람이었다. 상상통이다. 의사가 해줄 수 있는 건 없었다. 그저 아프다고 말하는 환자를 공감하고 바라봐주는 것밖에 해줄 게 없었고, 어쩌면 환자도 그걸 원했을 것이라고 했다. 에일리 씨가 밝아 보여도 그가 아프다고 말했다면 진짜 아픈 것이라는 말이었다. 오은영 박사도 그 말에 공감하며 아프다고 말한 건 진짜 아프기 때문이라고 동의했다.

나의 아픔을 의심받지 않고 아프다는 말이 있는 그대로 받아들여지는 것은 어쩌면 모든 아픈 사람들이 쉽게 경험하지 못하는 일이다. 오은영 박사는 의사로서 처방과 대안을 말하기 전에 누군가의 아픔을 있는 그대로 일단 인정하고 공감한 뒤 상황에 맞는 해법을 조심스레 꺼내들었다. 이는 꼭 '완치'를 뜻하는 게 아니다. 고통을 잘 다스리고 완화하는 방법, 그러면서도 일상이 무너지지 않는 방법, 그래서 언젠가는 다시 나를 찾아올 수도 있는 아픔과 함께 잘 살아가는 방법이다.

타인의 아픔에 공감하고
연대하는 세상을 상상하며

그동안 한국 사회는 어떠했나? 건강한 사람에게든 환자에게든 '병은 우리의 적'이었다. 병과 싸워야 했다. '투병'이라는 단어가 문제적인 이유다. 여기에는 장애를 열등한 상태로 규정하거나 장애인과 그의 가족들에게 '극복'하고 싸워 이기라며 책임을 지우는 것과 동일한 사고방식이 깃들어 있다.

각자 다른 질병을 가진 여성 네 명이 질병과 더불어 사는 삶에 대해 기록한 책 《질병과 함께 춤을》(다른몸들 기획, 2021)에 따르면, 환자들은 아픈 게 '내 탓'이라고만 생각하지만 진짜 문제는 아픈 사람을 있는 그대로 인정하지 않는 사회다.

아무리 노력해도 건강을 회복하기 어려운 아픈 몸들에게 필요한 것은 건강해지라는 요구보다는 잘 아플 권리이고, [그들은] 이를 통해 보다 온전히 존재할 수 있게 된다. 질병권이 보장되는 사회는 아프다는 것이 의구심의 대상이 되지 않는 사회, 병명으로 삶의 고통이 재단당하지 않는 사회, 몸이 아픈 사람도 원하는 만큼의 노동을 하거나 하지 않을 권리가 보장되는 사회, 질병이 빈곤과 불행이 아닌 사회, 아픈 몸이 기준인 사회, 아픈 몸이 기준이기 때문에 의존과 취약함이 인간의 보편적 속성으로 수용되는 사회, 의존과 취약함이 보편적 속성이기 때문에 돌봄을 주고받는 게 인간의 덕목·권리·의무·기쁨인 사회이다. (259~260쪽)

건강한 몸을 기본값으로 간주하는 언어만 있을 때 아픈 이들은 균열을 낸 존재로 여겨진다. 건강한 몸을 역으로 차별하자거나 건강이 나쁜 것이라는 오해는 금물이다. 누구나 질병이 필연적이라면 더 이상 개인의 영역, 탈정치의 영역에 방치할 것이 아니다. 아픈 몸을 배제한 사회는 정당한지, '건강한 성인 남성의 몸'을 표준으로 설정한 것은 타당한지, 건강할 의무 대신 '잘 아플 권리'는 어떠한지, 그래서 '투병'이나 '병마와 싸우기'보다는 병을 다스린다는 뜻의 '치병治病'은 어떠한지를 제안하는 것이다. 《질병과 함께 춤을》이라는 제목이 뜻하는 것이 바로 '치병'인 셈이다.

'질병권'이라는 말이 더 이상 어색하지 않다면, 이제 질병을 가볍게 생각하는 비유에 대해서도 다시 생각해볼 필요가 있다. 예를 들어 힘든 일을 하고 나서 흔히 쓰는 표현인 "당 떨어졌다."라는 표현은 저혈당증이나 당뇨병 환자들에겐 자신들의 질병을 가볍게 여기는 불편한 표현일 수 있다. 혈당 불안정 또는 당뇨병이 있는 사람들에게는 당이 떨어지는 현상이 결코 가볍지 않다. "암 걸릴 뻔했다", "암 유발자", "확찐자"라는 비유 역시 마찬가지다. 스트레스를 많이 받으면 암에 걸린다는 인식 때문에 생긴 잘못된 표현이다. 다이어트도 돈이 있어야 하는 세상에서, 또 다른 질병 등 여러 이유로 살이 찌고 불편을 겪을 수밖에 없는 사람들에게 '확찐자'라는 농담은 웃으며 던지는 비수일지 모른다.

민주주의 사회를 흔히 '국민이 주인인 사회'라고 정의한다. 때로는 와닿지 않는 정의다. 우리가 이 사회를 민주주의 사회라고 느낄 때는 상대의 아픔을 가볍게 여기지 않고 진지하게 공감할 때다. 질병이 있는 사람들은 물론 성폭력 피해 생존자, 국가 폭력의 희생자 등 사회적으로 상처받은 '아픈' 사람들에 공감하고 소수와 약자의 권리를 위해 시민이 연대할 때다.

오랫동안 너무 많은 '아픈' 사람의 목소리가 외면당해왔다. 그러나 그와 동시에 너무 많은 사람이 그들의 목소리를 들을 필요가 없다고 생각해왔다. 이제는 아픈 몸, 다른 몸들의 '언어'에 세심히 귀 기울여야 할 때다.

2

젠더 불평등을 만들어내는 말들

젠더는 수평이 아니라
수직 질서다

불평등의 기원은 가부장제의 역사와 만날지 모른다. 여성이 교육을 받고 자신의 언어로 말을 하기 시작한 지 고작 100년 남짓이다. 오랜 세월 남성이 '기본값'이었기 때문에 여성이 주체가 되는 일은 남성 중심 사회에서 위협으로 간주됐다. 한 예로 1980~90년대 고려대 남학생들이 이화여대 축제 때 반복적으로 이대 캠퍼스에 몰려가 각종 폭력을 저질렀던 사건을 들 수 있다. 욕설과 폭행은 물론 성폭력도 있었다. 당시 고려대학교 학생들은 "프티부르주아 분위기가 강한 신촌에 민족 고대의 문화를 심겠다."라며 폭력을 정당화했다.

　10년 넘게 이어진 고대생들의 이대생 성폭력 사건은 당시 경제 성장과 민주화의 과실을 독식한 남성이 여성을 배제하려 한 '허위의식'이었다. 고대생들이 자신들의 응원가를 "이대생은 우리 것. 숙대생도 양보 못 한다."라고 개사한 것을 보면 이대 여학생을 연대와의 경쟁의 수단으로 삼은 것이기도 했다. 미국을 비판하기 위해 미국 여성을 강간하자고 주장하는 식의 사고방식이며, 전쟁에서 상대 국가의 여성을 전유물로 삼았던 모습과 다르지 않다. 뿌리 깊은 남성 중심적 가부장주의가 대학 사회에서도 예외가 아니었다는 증거다.

여성을 동등한 주체로 인정하지 않고 대상화하거나 일부의 일탈을 일반화하는 오류는 현재도 계속되고 있다. 2000년대 중반 이후 온라인상에서 사용된 '보슬아치(보지＋벼슬아치)'라는 신조어도 같은 맥락이다. 여성성을 이용해 부당한 이익을 취한다는 뜻으로 만들어진 이 표현은 여성의 정당한 권리를 요구하는 주장조차 여성이 특혜를 누려야 한다는 의도를 담은 것으로 왜곡시켰다.

가부장제를 남성과 여성의 성역할 구분 정도로 단순하게 여기는 경우가 있다. 산업화 이전 농촌 사회를 떠올려보자. 여성이 집안일을 온전히 책임진다. 밥솥으로 밥을 하고 세탁기로 빨래하던 시절이 아니다. 반찬을 만들기 위해 밭에서 직접 채소와 나물 등을 캐는 것은 물론 겨울에도 손으로 빨래를 했다. 여성의 일에는 옷을 만들고 아이를 키우는 일에 더해 농사도 포함됐다. 도시에서도 비슷했다. 혼자 장사해서 아이들을 키워낸 여성의 이야기는 너무 익숙할 정도다. 어쩌면 진짜 가부장제는 여성이 경제활동과 집안일을 모두 떠맡는 게 아닐까 하는 생각이 들 정도다.

지금은 다른가? 2019년 통계청의 자료를 보면 맞벌이 부부도 여성의 가사 노동 시간이 남성보다 3배 이상 길고, 여전히 절대다수가 돌봄 노동을 여성의 역할로 인식한다.[1] 가부장제는 여성과 남성의 분업이라는 수평적 질서가 아니다. 가족 내 성역할이 규정돼 있다. 일정 나이가 되면 결혼을 강요받고 결혼하면 출산과 육아의 의무가 따라붙으며 그 예외는 반역에 가깝게 취급당한다. 가족 내 관계에 따라 기대하는 역할과 위계, 호칭까지 결정된다.

가부장제가 특정 소수에게만 해당하는 문제가 아닌 이유는 뚜렷한 규정이나 지시하는 사람이 없이 관습을 따르기만 해도 각 개인이 억압을 받게 되는 시스템이기 때문이다. 관습에 따른 과업을 시기에 맞춰 잘 수행하면 "철들었다."는 사회적 평가도 따라온다. 물론 가부장제에서 의사 결정 권한이 있는 일부 남성조차 '정상가족'을 지키기 위해 과한 부담을 지는 것도 사실이다. 이런 분위기는 직장 등 공적 영역에도 스며들었다. 남성은 직원으로서 한 인간으로서 자신의 책임을 지지만 여성은 자신의 잘못이 여성 전체 집단에 민폐를 끼칠까 두려워하는 악순환에 빠져들었다. 예를 들어 남성인 신입 직원이 실수하면 해당 직원 자신에 대한 평가로 이어지지만 여성인 신입 직원이 실수하면 "이래서 여자를 뽑으면 안 돼," "군대를 안 다녀오니 그렇지."라는 평가로 확대하는 식이다.

만들어진 젠더 '갈등'과 '여가부 폐지'라는 혐오 선동

정치권과 언론에서 자주 쓰는 '젠더 갈등'이라는 말을 들여다보자. 그 '갈등'은 과연 여성과 남성이 대등한 상태에서 벌어지는 것일까? 그들이 여성 또는 남성이기 때문에 싸우는 걸까? 실제로 따지고 보면 이런 '갈등'의 대부분은 "성평등이 실현됐으니 여성의 권리를 주장하는 건 역차별"이라는 주장에서 시작되는 경우가 허다하다.

2022년 대통령 선거에서는 '여성가족부 폐지'가 젠더 갈등의 전장戰場으로 떠올랐다. 이는 기존에 '군가산점제'나 '생리휴가' 등을 두고 싸우던 것과 다른 차원이었다. 정치권 일각에서 주장하던 차원을 넘어 제1야당의 대선 후보가 공약으로 내걸었고, 결국 그 후보가 당선됐기 때문이다. 논쟁의 양상도 기존과 달랐다. 심지어 여가부 폐지 찬반 모두 "여가부가 제 역할을 다하지 못한다."는 전제에 공감하며 마치 그 해법에서 차이를 보이는 것처럼 비치기도 했다.

그러나 여가부 폐지를 찬성하는 이들의 "여성에게 특혜를 주지 말자."는 주장과 여가부 폐지를 반대하며 "여가부의 예산과 권한을 더 늘려야 한다."는 주장은 같은 층위에서 상충하는 의견이 아니다. 여가부 폐지 논쟁은 단순히 정부조직법 개정 차원으로 흐르지 않았다. 정치권이 여가부 폐지를 주장하면서 각종 여성 혐오 발언이 봇물처럼 터져 나오는 분위기를 만들었고, 차별과 혐오를 선동하는 효과를 가져왔기 때문이다.

남성이 역으로 차별받는 증거라고 제시된 사안은 징병제와 여성 할당제다. '젠더 갈등'이라고 하기엔 지극히 20대만의 문제다. 여성 할당제라는 건 현실에 존재하지도 않는다. 사기업은 이런 채용 정책을 내걸지 않는다. 공무원 채용 시 '양성평등채용목표제'는 특정 성별 합격자가 70%를 넘지 않게 하려고 부족한 성별 합격자를 30%까지 추가로 더 채용하는 제도인데, 수혜자는 거의 다 남성이다. 결국 특정 연령대에서 발생하는 경제 문제를 엉뚱한 용어로 부르고 있으며, 내용을 자세히 들여다보면 문제라고 볼 만한 근거도 희박하다. 징병제나 양성평등채용목표제는 여성이 만든 제도도 아니며 여가부를 폐지한다고 바뀔 문제도 아니다. 단지 여가부를 여성에게 특혜를 주는 부처로 규정한 뒤 여성에 대한 차별을 여가부에 대한 공격으로 대체했을 뿐이다.

여가부 폐지 주장과 반대로 이런 주장이 있다고 가정해보자. 남성이 군대를 주로 가니까 국방부 예산을 남성을 위한 예산이라고 규정하는 것이다. 게다가 국방부 예산은 정부 재정의 10분의 1(과거에는 정부 재정 대비 20~30%대를 유지했다.)이나 차지하는 반면 여가부 예산은 1%도 채 되지 않으며 그중 '여성'만을 위한 예산이 극히 적다는 이유로 이를 여성 차별이라고 주장할 수 있을까?

터무니없는 주장처럼 들리겠지만 실제로 이와 비슷한 궤변인 여성가족부를 폐지하자는 주장이 2022년 대선을 앞두고 선거판을 휩쓸었다. 또한 여성가족부 폐지 공약

역시 내용을 자세히 보면 여성가족부의 기능은 유지하되 이름 정도만 바꾸자는 수준에 불과했다. 대선용 공약을 넘어 수많은 비판에도 윤석열 대통령은 여가부를 폐지하겠다는 뜻을 굽히지 않으면서도 자신이 폐지하겠다고 밝힌 여가부에 장관을 임명했다.

'여성 혐오'는 성립해도
'남성 혐오'는 성립하지 않는 이유

진짜 '젠더' 문제는 연인 간의 폭력, 가정에서 대부분 은폐되는 학대, 직장에서의 크고 작은 성폭력 등 광범위하다. 명백하게 폭행을 당해도 '연인'이라는 이유만으로 피해자를 외면하는 공권력, 수십 년간 가정폭력에 시달리다가 남편에게 저항해도 정당방위로 인정하지 않는 사법 시스템, 인사권자가 부하 직원을 반복해서 괴롭혀도 '성희롱'이라는 가벼운 이름하에 형사처벌을 피해 가는 법질서 등을 보면 한국 사회에는 구조적 성차별이 명백히 존재한다. 젠더 갈등이라는 수평 구도가 아닌 개인의 의지로는 해결할 수 없는 성차별이란 수직 질서가 현존한다.

여성이나 가족과 관련한 많은 표현에 성차별의 흔적이 묻어 있는 이유다.

성차별 사회에 대한 대표적 저항으로 '미러링'과 '미투#MeToo' 운동의 예를 들 수 있다. 남성이 여성에게 어떠한 언어폭력을 일삼아왔는지를 거울에 비추듯 성별만 바꿔 되돌려준다는 온라인상의 미러링은 그동안 얼마나 성차별이 일상적이었는지 드러냈다. 한국 남성을 비하하는 용어인 '한남충(한국 남자+벌레 충蟲)', 능력은 있어 보이지만 외모가 만족스럽지 않은 남성을 가리키는 '능력남' 등 자극적 표현이 많았다. 즉각 '남성 혐오'라는 반발이 나왔다. "여성 혐오를 한 적도 없는 남성에 대해 비난했으니 남성 혐오"라는 주장이다. 하지만 대다수 남성은 미러링 표현을 듣는다고 해서 길을 걷다 여성에게 맞아 죽을지도 모른다는 공포를 느끼지는 않는다. 반면에 여성들은 "여자와 북어는 삼일에 한 번씩 패야 맛이 좋아진다."라는 말을 줄인 '삼일한'[2]이란 비속어를 들었을 때 실제로 신변의 위협을 느낀다. 요즘도 많은 여성이 남성 연인이나 남편에게 살해를 당하고, 혼자 사는 집에 남자 신발이나 옷을 두는 방식으로 최소한의 자기 안전을 지켜내려 하고 있다.

'혐오'는 단순히 '타인을 증오하는 감정'을 뜻하는 단어가 아니다. 즉 상대적 강자가 약자를 차별하고 괴롭힌다는 권력관계가 담겨 있기에 '여성 혐오'는 성립할 수 있어도 '남성 혐오'는 성립할 수 없다. '노동자 혐오'는 있지만 '사용자 혐오'는 없으며 '흑인 혐오'는 가능하지만 '백인 혐오'는 가능하지 않다는 뜻이다. 흑인들은 그저 피부색이 다르다는 이유만으로 자신들이 백인들과 '갈등'하고 있다고 생각할까? 아니면 이들이 태어나기 전부터 계속돼온 흑인에 대한 부당한 공격과 배제를 멈춰달라고 아우성치는 걸까?

안타깝지만 미러링 같은 방식의 여성운동은 한계를 품고 있다. 여성이란 정체성을 내세운 여성운동은 개별 여성보다 여성이라는 집단을 내세우게 된다. 그러나 여성주의의 목표는 남성과 여성의 이분법을 해체하고 여성들 간의 차이를 드러내는 일이기도 하다. 미러링은 여성들을 '여성'이라는 정체성으로 한데 묶고, 개별 여성에게 전체 여성을 과잉 대표하게 한다.

여성이란 정체성을 내세운 사회운동은 여성 차별의 현실을 드러내는 단결된 힘인 동시에 여성 스스로가 여성을 하나의 집단으로 묶어놓았던 모순의 흔적을 남기게 된다. 특정 여성과 관련한 문제가 모든 여성의 문제일 수 없고 자칫 문제의 본질을 흐린 채 여성 문제로 환원하는 오류를 범할지도 모른다. 따라서 미러링은 젠더 감수성에 둔감한 이들에게 여성 혐오를 일깨워주는 수단으로서는 효과적일지 모르지만 궁극의 해결책일 수 없다.

2017년 미국에서 시작해 2018년 한국에서도 활발했던 미투 운동 역시 기존 불평등 질서에 대한 저항이다. 여성들이 남성 중심 사회의 성폭력을 말하기 시작했다. 권력자들에겐 '그래도 되는' 혹은 '흥미로운' 언행이 상대방에게는 지울 수 없는 상처라는 사실을 공동체가 함께 고발하고, 서로 공감하며 치유했다. 권력자들이 독점하던 공론장을 일부 점유하며 관점을 바꿔냈다는 점에서 누군가는 미투를 "혁명"이라고 부른다.

미투는 두 가지를 경고한 작업이다. 첫째는 범죄 사실을 인지했지만 자신이 처벌받지 않을 것이라고 생각하며 범죄를 저지른 이들에게 반드시 처벌받을 것임을 알렸고, 둘째로 자신의 말이나 행동이 범죄인지도 몰랐던 이들에게 그것이 명백한 범죄임을 알렸다. 성범죄를 정당화하거나 피해자의 고통을 희석했던 기존 질서를 뒤집는 과정에서 '성희롱', '몰카'처럼 가볍게 쓰여왔던 많은 용어들이 대체되어야 한다는 공감대도 형성됐다. 또한 '이성애'와 '남성' 중심 사회에서 철저히 소외되어온 성소수자 담론을 재정비하는 계기도 마련됐다.

그가 누구인지 설명할 때
'성별'은 중요치 않을 수 있다

여성 인권에 대한 유명한 판결을 많이 남긴 루스 베이더 긴즈버그 대법관이 1976년 미국시민자유연맹ACLU 여권신장 프로젝트 위원장으로 있을 당시 사례를 참고할 만하다.[3] 긴즈버그 대법관은 오클라호마주에서 여성이 남성보다 어린 나이에 저알코올 맥주를 살 수 있게 한 법조항을 바꿔냈다. 법 자체로는 여성이 남성보다 혜택을 누리는 내용이지만 긴즈버그는 이 법이 "남성은 사회에 적극 참여하는 일원이고 여성은 제2의 성이라는 관념을 강조하는 신호"라고 해석하며 이러한 비합리적인 젠더 구분 자체를 없애야 한다고 주장했다.

또래 남성보다 어린 여성에게 술을 판매한다는 것은 '여성이 더 성숙하다'는 신성화인 동시에 '여성은 더 성숙해야 한다'는 사회적 압박이다. 한국에도 여성에게 또래 남성보다 더 성숙할 것을 요구하는 분위기가 없지 않다. 또한 오랫동안 남성이 우대받아왔으니 이제 여성을 더 우대해야 한다는 일차원적 발상에서도 벗어나야 한다.

어쩌면 성별은 한 개인을 설명하는 데 그리 중요하지 않은 정보일지 모른다. 가치관, 경제관, 인간관, 성격, 좋아하는 것과 싫어하는 것 등 다양한 특징을 외면한 채 인류는 성별에 너무 큰 의미를 부여하고 있다. 성별을 모르거나 성별을 지워도 문제가 없는 경우가 훨씬 많다.

낙태, 임신 중절, 자궁, 저출산, 유모차, 산부인과

여성의 몸은 출산을 위해서만
존재하지 않는다

2021년 1월 1일자로 낙태죄는 사라졌다. 헌법재판소가 2019년 4월 낙태죄 헌법불합치 결정을 내리면서 형법 269조 "부녀가 약물 등 기타 방법으로 낙태한 때 1년 이하의 징역 또는 200만 원 이하의 벌금에 처한다."는 규정이 효력을 잃었다.

낙태 반대자들은 낙태를 태아 '살인'으로 보고 태아라는 생명의 권리가 박탈당하는 것처럼 주장한다. 그들은 태아를 볼모로 여성에게 죄책감을 씌우는 방식으로 낙태를 죄악시해왔다. 그러나 이는 임신과 출산의 과정에서 여성이 주체라는 사실을 받아들이지 않는 가부장적 관점의 주장이다. 태아를 떨어뜨린다는 뜻의 '낙태落胎'라는 말은 이런 맥락에서 나왔다.

낙태를 금지할 때 정작 자신의 권리를 침해당하는 사람은 임신과 출산을 직접 경험하는 여성이다. 국가나 사회의 법, 관습, 암묵적 강요에 의해 임신 중단, 출산 포기를 선택하지 못하기 때문이다. 모든 여성이 임신을 하는 것은 아니지만 임신을 한 모든 사람은 여성이기 때문에 임신 중단을 법으로 금지하는 일은 특정 성별에 대한 차별이다.

여성과 남성이 성관계를 했는데 그 결과가 원치 않는 임신일 때 피해를 입는 쪽은 오로지 여성이다. 따라서 아이를 낳을지 여부는 임신한 여성 자율권의 영역이다. '낙태'가 아닌 '임신 중단', '임신 중지'로 순화하자는 주장이 힘을 얻는 이유다. 과거에는 '임신 중절'이라는 표현도 많이 쓰였다. 이는 낙태죄가 있던 시절에 불법으로 행해지는 낙태 수술을 '임신 중절 수술'이라 칭했기 때문이다. 더욱이 '중절中絕'(중도에서 끊어버리거나 그만둠)이라는 어감에도 부정적인 뉘앙스가 포함돼 있다. 낙태죄의 헌법불합치 결정은 여성의 몸이 누구의 것이냐에 대한 논쟁의 결과다. 여성의 몸은 그 여성의 것이고, 여성은 아이를 위한 존재이기 이전에 그 여성 본인을 위한 존재다.

아울러 '자궁' 대신 '포궁'을 사용하자는 주장도 있다.

'포궁'은 '아들 자子' 대신 '세포 포胞'를 써서 특정 성별을 강조한 의미를 없앤 단어다. 과거 아들 선호 사상 탓에 딸을 낳은 여성을 죄인 취급했고, 딸을 임신했을 때 '임신 중단'까지 강요받았던 사회적 분위기를 볼 때 아들을 키워낸다는 뜻의 자궁이란 표현은 다시 생각해볼 여지가 있다. 또한 '포궁'은 태아가 사실 세포라는 뜻이기도 한데 '낙태'가 '자궁' 속 아이(아들)를 죽이는 것이라면 '임신 중단'은 '포궁' 속 세포를 없앤다는 뜻과도 연결된다.

비슷한 맥락에서 '저출산' 대신 '저출생'이 대체 표현으로 주목받고 있다. 2016년 행정자치부(현 행정안전부)는 저출산 극복 프로젝트라며 '대한민국 출산 지도'를 만들어 공개했다. 지역별로 합계 출산율, 출생아 수, 가임기 여성 인구 등을 수록했다. 국가가 여성을 출산의 도구로 보고 '아이를 낳을 수 있는 여성 인구'를 파악했다는 행위 자체로 비난 여론이 거셌다. 여성 혐오라는 비난 속에 홈페이지는 하루도 안 지나 폐쇄됐다.

출산의 주체는 여성이지 국가가 아니다. 이 사건을 국가와 공동체 관점에서 보면 인구가 한 명 늘어나는 일, 즉 '출생'이다. 따라서 대한민국에서 아이가 적게 태어난다는 뜻을 담으려면 한 해에 태어나는 아이 수가 적다는 뜻의 '저출생'이 더 정확하다. '저출산'(아이를 적게 낳음)이라는 말 속엔 여성들이 아이를 더 낳아야 하지만 그렇지 않다는 뜻이 포함되고 '저출생'(아이가 적게 태어남)이란 말에는 이 공동체에 미래 세대가 적게 태어나고 있다는 사실에 방점이 찍혀 있다.

한 국책 연구기관의 인사는 '저출산'을 '저출생'으로 바꾸자는 주장을 단지 두 용어의 의미 차이에만 주목했을 뿐이라고 단순하게 규정했다.[4] 게다가 '저출산'은 여성 중심, '저출생'은 아이 중심 용어라고 왜곡하면서 정부와 사회의 존재를 지우고 출생아 수 감소 원인으로 가임기 여성 인구가 줄었다는 내용까지 언급했다. 그러나 '저출생'과 '저출산'의 구분은 아이를 낳는 행위를 국가나 사회가 여성 개인에게 강요할 것인가, 아니면 복지 정책 등 국가의 의무부터 돌아봐야 할 것인가라는 관점의 차이를 담고 있다. 즉 두 용어의 차이에서 중요한 건 '저출산'의 책임은 여성에게 있고, '저출생'의 책임은 정부를 비롯해 사회 전체에 있다는 사실이다.

2018년 서울시는 성평등 언어사전 시민참여 캠페인에서 여성에게 육아 책임을 지우는 뉘앙스를 가진 '유모차乳母車' 대신 유아가 중심이 된 '유아차幼兒車'로 개선하자고 제안했다. 이는 2019년 국회에서 발의된 '보행안전 및 편의증진에 관한 법률' 개정안에서도 언급됐다.

"'유모차'는 '어린아이를 태워서 밀고 다니는 수레'를 표현하는 말로 수유와 어머니를 뜻하는 한자로 이루어져 본래의 의미와 거리가 있으며, 평등 육아를 지향하는 사회적 분위기와 맞지 않는 표현"이라는 것이 개정 이유다. "현행법에서 사용되고 있는 '유모차'를 '유아차'로 변경하여 '유아'가 타는 차라는 본래의 의미를 살리고, 생활 속 성평등 의식을 높이고자 한다."

'산부인과'에 못 가는 비혼 여성 '소아과'에 못 가는 청소년

여성의 역할을 출산과 육아 등으로 한정하는 표현 중에는 '산부인과'도 있다. 2019년 11월 청와대 국민청원에는 "산부인과를 여성의학과로 변경하라."는 내용의 청원이 올라와 4만여 명의 동의를 받았다. 2020년 7월 최혜영 더불어민주당 의원은 "산부인과라는 명칭이 임신 또는 출산에 한정된 진료 과목으로 인식될 수 있어 청소년이나 미혼 여성이 이용하기에 심리적 부담을 갖게 한다는 지적이 있다."라며 산부인과를 '여성의학과'로 변경하는 내용의 의료법 개정안을 발의했다.

해당 법 개정안의 소관 상임위인 보건복지위원회 검토 보고서를 보면 2014년 한국보건사회연구원 연구조사 대상의 80% 이상이 "산부인과는 일반 병원에 비해 방문하기 꺼려진다."라고 답했고 성인 비혼 여성의 51.1%, 청소년의 64.4%는 "내가 산부인과를 가게 되면 사람들이 이상하게 생각할 것"이라고 응답했다. '산부인과'가 기혼 여성이나 임산부 여성, 임신 예정 여성을 떠올리게 한다는 점에 원인이 있다는 것이다.

2021년 11월 이재명 더불어민주당 대선 후보는 '산부인과'라는 명칭을 '여성건강의학과'로 바꾸겠다고 공약했다. 그는 "미혼(비혼) 여성들이 산부인과를 찾는 건 여간 어려운 일이 아니다. 산부인과가 임신, 출산 등 기혼 여성을 위한 병원이라는 선입견이 큰 탓이다."라고 지적했다. 여성 청소년이나 비혼 여성들이 병을 키우고 있다는 문제의식에 모든 여성이 쉽게 병원을 찾을 수 있도록 하겠다는 주장이다.

'산부인과'란 명칭은 여성을 '부인婦人'(결혼한 여성)으로 칭했던 일제의 잔재로 여전히 여성의 건강과 질환을 '부인병'으로 부르는 시대착오적 용어다. 사실 이런 주장은 이미 오래전 의료진들 사이에서도 제기되었던 것이다. 2012년 10월 대한산부인과학회에서 명칭 변경 관련 설문조사가 있었는데 명칭 변경에 찬성하는 응답자 중 58%가 '여성의학과', 27%가 '여성건강의학과'를 선택한 바 있다. 앞으로도 이와 같은 명칭 변경에 대한 문제 제기는 계속될 것이다.

비슷한 예는 이전에도 있었다. 2007년에는 어린아이만을 진료하는 과라는 잘못된 인식을 개선하고 청소년들도 의학 상담과 치료를 받을 수 있도록 '소아과'를 '소아청소년과'로 변경했고, 2011년에는 정신질환에 대한 부정적 인식을 개선하기 위해 '정신과'를 '정신건강의학과'로 변경했다.

'정신과'나 '정신병원'을 '정신건강의학과'로 변경한 일은 다수의 인식을 개선하는 과정에 적지 않은 영향을 주고받았다. 연예인들이 자신의 정신건강의학과 치료 소식을 알리는 게 자연스러워진 것도 대표적 사례다. '소아과'를 '소아청소년과'로 바꾼 것 역시 그곳에서 다루는 진료 과목과 그 의미를 정확하게 전달하는 데 도움을 줬다. 마찬가지로 '산부인과'를 '여성의학과' 또는 '여성건 강의학과'로 바꾸는 일은 일부 부정적 인식을 개선하는 동시에 정확한 의미를 전달할 수 있게 해줄 것이다.

사적 영역에 갇힌 존재는
'말'을 갖지 못한다

오랫동안 한국 사회에서는 일제 강점기 때 일본군의 성노예로 착취당한 일본군 '위안부'를 '정신대'와 같은 말로 사용해왔다. 일제는 1944년 8월 공포한 '여자정신근로령'을 근거로 '조선여자근로정신대'를 동원했다. 12~40세의 배우자가 없는 조선 여성을 대상으로 공개 모집령을 내리거나 관청 또는 학교에서 알선해 군수 공장으로 보냈다. 돈을 벌게 해주겠다는 모집 내용과 달리 조선 여성들은 군수 공장 등에서 제대로 임금을 받지 못한 채 노동력을 착취당했다. 이들 중 일부는 일본군 위안소로 끌려가 성착취를 당했다.

'정신대'라는 이름으로 모집됐다가 일부는 노동 착취, 일부는 성착취를 당했는데 해방 이후에도 피해 당사자들이 직접 발언할 기회가 없었기에 이 둘은 명확하게 알려지지 않았다. '위안부' 피해자들은 성폭력 피해자를 오히려 비난하는 유교적 가부장제 탓에 자신의 피해 사실을 오랜 세월 동안 얘기하지 못했고, 강제 노동으로 고통받은 '정신대' 피해자들은 정신대라고 밝히는 순간 '위안부'라고 오해받을까 봐 피해 사실을 제대로 말하지 못했다. 정신대에 강제 동원된 사실을 알렸다가 '위안부'로 오해받아 이혼을 당하거나 동네에서 쫓겨나는 일도 있었다.

정신대와 위안부의 명확한 구분 없이 수십 년이 흘렀다. 1990년 11월 여성 단체들이 모여 한국정신대문제대책협의회(정대협)를 설립했고 이듬해 광복절을 앞두고 김학순 씨가 일본군 '위안부' 피해 사실을 공개 증언하면서 성착취 문제가 사회적 의제로 떠올랐다. 정대협은 단체명에 '정신대'를 사용했지만 노동 착취와 성착취를 고르게 다루지 않았고, 일제의 노동 착취를 뜻하는 '정신대'란 단어도 성착취를 뜻하던 '위안부'로 알려졌다. 결과적으로 일본군의 성착취(일본군 '위안부')만 남고 여성에 대한 노동 착취(정신대)는 지워졌다.

이는 영화 〈허스토리〉(민규동, 2018)에서도 상징적으로 나타났다. 〈허스토리〉는 일본군 '위안부'와 근로정신대 피해자 10명이 1992년 12월부터 약 10년간 시모노세키와 부산을 오가며 일본 정부를 상대로 사죄 등을 요구한 소송인 '관부 재판'을 다뤘는데 영화 마지막에 2017년 4월 일본군 '위안부' 피해자 이순덕 씨 사망 소식을 전하며 "관부 재판 마지막 원고가 사망했다."고 알린다. 이순덕 씨는 일본군 '위안부' 중에서는 마지막 원고였지만 아직 관부 재판에 참여한 근로정신대 피해자는 살아 있었다. 심지어 피해 생존자는 관부 재판 패소 후 일본과 한국 법원에 소송을 진행하고 있었다. 정신대가 위안부로 축소되면서 실존 인물의 존재마저 부정당한 사례다.

2018년 7월 정대협은 '일본군성노예제 문제해결을 위한 정의기억재단'과 통합하며 명칭을 정의기억연대(정의연)로 바꿨다. 2018년 11월 대법원에서 일본 전범기업 미쓰비시중공업이 근로정신대 피해자들에게 위자료를 지급하라는 판결이 나왔다. 근로정신대 이슈가 주목을 받으면서 일본군 '위안부'와 근로정신대를 구분하기 시작했다.

일본군 '위안부'라는 명명은 피해자들이 선택했다. '종군위안부'는 일본군이 사용하던 용어다. 자발적으로 일본군을 위로한다는 뜻을 담고 있다. 정확한 표현은 '일본군 성노예'지만 피해자들이 성노예라는 단어를 거부했다. 그에 따라 작은따옴표를 사용해 일본군 '위안부' 표기를 결정했다. 일부 피해자 유족들은 피해 사실을 명확하게 알려야 한다며 '위안부'라는 용어 대신 '일본군 성노예 피해자'로 요구하고 있다. 슬픈 일이지만 일본군 '위안부' 피해자들이 점점 세상을 떠나고 있고, 언젠가는 일본군 '위안부'라는 표현 못지않게 '일본군 성노예 피해자'로 부르는 이들도 많아질 것 같다.

존재를 가리키는 언어가 없으면
그 존재도 지워진다

한번은 '위안부' 관련 기사를 읽다가 문득 어색한 점을 발견했다. 피해자를 가리키는 표현이다. 대다수 언론에서는 "일본군 '위안부' 피해자이자 인권 활동가인 이용수 할머니"라고 썼다. 남성 노인에게 '할아버지'를 붙이기보다 '씨'라고 붙이는 경우가 압도적으로 많은 것과 대조적이다. 일본군 '위안부' 피해자 이용수 '씨'도 아니고 이용수 '활동가'도 아닌 이용수 '할머니'였다.

'할머니'라는 단어에 대해 생각해봤다. 할머니는 내 부모의 어머니를 뜻하는 말이다. 가족 관계상 내 할머니가 아닌 '여성 노인'을 영어에서는 'Ma'am' 정도로 부른다. 한국어에는 'Ma'am'에 상응하는 단어가 없다. 내 부모의 어머니도 할머니고, 이용수 할머니도 할머니다. 일본군 '위안부'와 '정신대'의 사례에서 보듯 언어가 없으면 그 존재도 지워진다. 여성 노인을 가리키는 언어가 없다는 건 여성 노인이 공적 영역에서 존재하지 않았다는 뜻이다. 여성 노인은 오로지 가족 관계, 즉 사적인 영역에서만 의미를 가진 존재였다. '어르신'이라는 단어가 있긴 하지만 이조차도 본래는 남의 아버지를 높여 부르는 말이었다.

이처럼 여성 노인을 가족 관계처럼 사적 영역에 묶어두는 언어 습관은 차별을 낳는다. 누군가를 공적 영역에서 배제하기 때문이다. 이때 배제된 이들의 고충을 사회가 나서서 문제로 규정하고 원인을 분석해 해결 방안을 고민하기 어렵다. 아니, 고민하지 않는다.

사적인 문제는 공론장에서 진지하게 다뤄지지 않는다. 개인 간 갈등으로 해결할 일이 된다. 해결 과정에서도 부정적 편견으로부터 자유롭지 않으며 하찮은 일로 취급된다. 여성들이 '사적인 것이 정치적인 것'이라며 기존 남성 중심 사회 질서에 반발한 까닭이다. 미투 운동이 벌어졌지만 여성 노인의 성폭력 피해 문제가 제대로 다뤄지지 않은 것도 이러한 사회 분위기와 무관하지 않다. 할머니는 가족 관계에서 무성無性의 존재로 여겨져왔다. 모든 여성 노인을 '할머니'로 간주해도 괜찮을까?

아이는 엄마만 키우나

여성을 사적 영역에 가두는 표현은 여성 노인을 '할머니'로 대체하는 데서 그치지 않는다. 참좋은지방정부위원회가 주관하는 2021년 지방정부 우수정책 경진대회에서 광주광역시의 '아이 낳아 키우기 좋은 맘Mom편한 광주 만들기' 정책이 광역단체 '2급 포상'을 수상했다. 광주시는 저출생 극복을 위해 이 정책을 3년여간 추진했다. 광주시만의 예는 아니다. 포털 사이트에서 '맘편한'이라고 검색하면 (과장을 좀 보태서) 전국 모든 지방자치단체에서 내놓은 저출생이나 육아 지원에 대한 기사가 뜬다. 이들 정책은 대개 '맘편한', 'Mom편한'이란 표현을 쓰고 있다.

'마음'의 준말인 '맘'이 '엄마'를 뜻하는 영어 단어 'Mom'과 발음이 같아서 '맘Mom편한'은 "엄마의 마음을

편하게 한다."는 뜻으로 쓰인다. '맘편한'이라는 언어유희가 논란인 이유는 육아를 여성이 전담한다는 성역할에 근거했기 때문이다. 양육자를 위한 콘텐츠 제공 서비스 '맘mom콘', 맞춤형 육아 도서 대출 서비스 '맘mom대로 택배', 육아와 살림 정보를 나누는 토크쇼 형식의 예능 프로그램 〈맘 편한 카페〉도 있다.

한 기업은 정기적으로 '맘mom편한 ○○' 사연 공모 이벤트를 진행한다. 엄마와 아이의 꿈을 이루는 데 보탬이 되는 가전제품을 지원하는 프로젝트로 사연 모집 주제는 주로 '워킹맘'이다. 아이 옆에는 엄마가 있어야 한다는 고정관념을 지자체뿐 아니라 대기업에서도 확대 재생산한다. 또 다른 기업은 "고립된 한부모 가정과 시설 아동들을 위한" 사회 공헌 프로젝트의 이름을 'mom편한 공감플러스'라고 지었다. 이 프로젝트의 일환으로 전국 곳곳에 'mom편한 놀이터'를 짓고 있다. '부모'의 마음이 아닌 엄마mom의 마음이 편한 놀이터라는 뜻이다.

지자체나 기업의 선한 의도를 의심하는 것이 아니다. 다만 그들이 의도하지 않았더라도 엄마가 아닌 다른 보호자가 양육하는 가정에는 불편이나 상처를 줄 수 있다. 한국 사회에는 여전히 엄마가 주 양육자라는 고정관념이 퍼져 있고 조부모나 아빠가 주 양육자일 경우 "아이를 위한 양육이 아니다."라거나 "어떻게 엄마 없이 애가 크겠냐." 등과 같은 비난 섞인 잔소리를 듣게 된다. 양육에 무관심한 아빠에 대한 비난과 양육에 능숙하지 않은 엄마에 대한 비난의 강도는 하늘과 땅만큼 차이가 난다. 육아 지원 정책에서 '맘mom편한'과 같은 표현을 지양해야 하는 이유다. 그 외에도 학교 주변을 순찰하는 '마미캅'은 '아이안전지킴이'로 아이들의 등하원 버스 정류장을 뜻하는 '맘스 스테이션'은 '어린이 승하차장'으로 순화할 수 있다.

2022년 4월 JTBC에서 〈그린 마더스 클럽〉이란 드라마를 방영했다. 초등학생 학부모들 관계에서 벌어지는 일을 다룬 내용인데 학부모는 죄다 엄마들이다. 드라마의 제목도 굳이 우리말로 하면 '녹색 어머니회'라는 뜻이다. 학생들이 안전하게 등교할 수 있도록 이른 아침부터 학교 앞 횡단보도에서 깃발을 들고 자원 봉사를 하는 사람은 언제까지 '녹색 아버지'도 '녹색 보호자'도 아닌 '녹색 어머니'여야 할까.

엄마라는 경력은
왜 스펙 한 줄 되지 못할까

한국 사회는 오랜 세월 동안 여성을 출산, 양육하는 존재로 한정해왔다. 아직도 도처에서 여성을 비하할 때 "집에서 애나 보라."는 망언이 나온다. 아직도 많은 여성이 공적 영역에서 동등하게 대우받지 못한다. 여성 관련 이슈가 쉽게 폄하되는 이유다.

한 언론이 〈서울 경단녀 좋겠네, 내년부터 '구직활동 지원금' 받는다〉는 제목의 기사를 보도했다. 그러자 "이 기사 쓴 기자는 꼭 경력단절되길", "제목을 뭐 이따위로 뽑는지", "경력단절돼서 지원금 받는 게 좋겠냐? 경력 유지하면서 사회생활 쭉 하는 게 좋겠냐?" 등의 비난 댓글이 달렸고, 여러 온라인 커뮤니티에서도 해당 기사가 논란이 됐다. 그러자 기사 제목을 〈서울 경단녀, 내년부터

'구직활동지원금' 받는다〉로 수정했다.[5]

해당 기사는 서울시가 출산과 육아, 돌봄 등으로 임금노동을 쉬고 있는 '경력단절여성(경단녀)'들의 재취업을 지원하기 위한 구직 활동비 지원에 나선다는 내용이었다. 기사에 따르면 서울시가 구직 활동 지원금을 도입하기로 한 이유는 코로나19로 남성보다 여성이 고용 충격을 더 크게 받았고, 특히 자녀를 둔 여성의 고용률이 전반적으로 하락했기 때문이다.

이는 사회 구조적인 문제다. 부부가 맞벌이를 하다 출산할 경우 주 양육자가 남성인 경우는 많지 않다. 여성은 다니던 직장에서 육아 휴직을 사용하거나 그조차 어려우면 아예 직장을 그만두어야 한다. 그러나 육아에 전념하다가 몇 년 뒤 다시 취업에 나설 경우 양질의 일자리를 찾기 어렵다. 직장을 그만두지 않더라도 1~2년의 육아 휴직 후 복귀했을 때 원래 직무에서 밀려나는 경우도 적지 않게 발생한다. 육아 기간 동안 해당 직무 또는 회사 생활에 필요한 경력이 단절됐다고 보기 때문이다.

여성의 출산, 양육, 돌봄과 가사 노동은 '그림자 노동', 즉 시장경제 바깥에 존재한다는 이유로 인정받지 못했다. 임금노동자 못지않게, 혹은 더 많이 일했지만 사회적으로 인정받지 못했고 가정에서도 무시당해왔다. 이는 개별 부부가 노력한다고 해결할 수 있는 문제가 아니다.

"태어나서 가장 많이 참고, 일하고, 배우며, 해내고 있는데. 엄마라는 경력은 왜 스펙 한 줄 되지 않는 걸까?" 2018년 한 피로 회복 음료 광고 카피가 많은 사람들의 공감을 얻었다. 서울시 여성가족재단은 2019년 '경력단절여성' 대신 단지 고용이 되지 않은 상태를 표현하는 '고용중단여성'을 제안하기도 했다. 양육도 경력으로 봐야 한다는 취지로 '경력단절여성' 대신 '경력보유여성'으로 표기하는 사례도 늘고 있다.

2018년 '경력보유여성'의 재취업을 지원하는 회사 '위커넥트'가 시작이었다면 2021년 11월 서울 성동구청은 전국 최초로 '서울시 성동구 경력보유여성 등의 존중 및 권익 증진에 관한 조례'를 공포했다. 성동구는 경력보유여성을 "일 경험 또는 돌봄 노동 경험을 보유하면서 경제 활동을 중단했거나 경제 활동을 한 적이 없는 여성 중 취업 등을 희망하는 여성"으로 정의했다. 조례를 만든 목적은 "경력보유여성의 존중, 권익 증진에 대해 필요한 내용을 규정해 성차별 의식과 관행을 없애고 성동구민 모두가 동등한 참여와 대우를 받고 모든 영역에서 평등한 책임과 권리를 공유하는 것"이다.

국회에서도 2021년 12월 '경력단절여성'을 '경력보유여성'으로 변경하는 내용의 '경력단절여성 등의 경제활동 촉진법 개정안'이 다음과 같은 취지로 발의됐다.

"'경력보유여성'으로 용어가 변경되면 여성들이 사회에서 단절된 것이 아니라 사회의 구성원으로서 더 큰 자신감과 효능감을 느끼고 사회적 인식도 개선되리라 기대된다. 여성들이 일과 육아와 생활을 조화시키며 여성들이 지닌 역량과 경험을 정당하게 평가받는 환경을 만들기 위해 세심하게 개선책을 마련하겠다."

'경력보유여성'과 마찬가지로 여성의 임신, 출산과 관련한 부적절한 비유나 표현도 퇴출해야 한다. 정치권에서는 자신의 정당에서 후보를 내지 못하고 외부에서 후보를 데려오는 경우를 '불임 정당'이라고 불렀다. 후보를 내고 정권을 창출해야 하는데 불임 정당이 되면 후보를 내지 못하는 것 자체로 무능하다는 평가를 받는 동시에 당내 혼란 등의 문제가 생긴다. 그러나 그렇다고 해서 임신하는 데 어려움을 겪는 여성의 몸이 정치권에서 비유로 쓰여야 할 이유는 없다. '불임 정당' 같은 비유는 하루빨리 퇴출해야 할 표현이다.

그런 신조어는 사양하겠습니다

과거 언론사들은 기사에서 성차별적으로 성별을 표기하는 경우가 많았다. 대표적인 예로 이름 옆에 괄호를 열고 남성의 경우 나이만 표기하는 데 반해 여성의 경우 나이와 함께 '여'라고 성별을 특정했던 것을 들 수 있다. '홍길동(19)', '성춘향(16·여)' 같은 식이다. 이런 표기는 남성이 '둘 이상의 성 중 하나의 성'이 아니라 성을 구분하는 '기준'이 된다.[6]

2018년 한 뉴스 통신사는 성별 표기 방식을 바꾸면서 "이런 표기 방식은 여성 차별일 뿐 아니라 '남성이 표준'이라는 잘못된 고정관념을 강화하는 것이라는 지적이 타당하다고 판단했다."고 개선 이유를 밝혔다. "기사 작성 시 성별 표기가 없어도 독자가 내용을 이해하는 데 지장이 없으면 성별을 모두 표기하지 않는 것을 원칙으로 하겠다. 맥락상 성별이 필요할 경우 남녀 모두를 표기하고 남성 또는 여성만 있는 기사에서도 필요시 성별표시를 할 수 있다."라고 공지했다. 또한 "성전환자의 경우 당사자 성 정체성을 존중하는 방향으로 기술한다."라고 했다.[7]

해당 언론사의 과거 성별 표기법은 어떤 사건 사고가 있을 때마다 여성을 특정해 '○○녀'라는 신조어를 만들고 유통시키는 현상과도 연결되어 있었다. 특정 사건의 명칭을 어떻게 할 것인가는 누구를 드러내고 누구에게 책임을 물어야 하는지의 문제다. 조두순 사건이 대표적 사례다. 조두순이 저지른 성폭행 사건은 처음에 '나영이 사건'으로 불리다가 한참 시간이 흐른 뒤 문제 제기가 나오자 '조두순 사건'으로 바뀌었다.

미러링이 한창 화제일 때 남성이 여성(주로 연인)에게 염산을 뿌렸는데도 크게 화제가 되지 않는 현실을 개탄하며 한 누리꾼이 "나는 여성인데 남자친구 얼굴에 염산을 뿌렸다."라는 글을 온라인상에 올린 적이 있다. 그 누리꾼은 곧바로 '염산녀'라고 불리며 공격을 받았다. 해당 글은 곧 허위로 밝혀졌다. 여성 차별이 얼마나 만연했기에 여성에 대한 염산 테러조차 일상이 됐는지, 반대로 여성의 잘못에만 얼마나 강한 비난이 빗발치는지를 보여준 사례였다.

'○○녀'라는 신조어는 '○○녀 열풍'이라고 할 정도로 쏟아졌다. 2000년대 중반 명품 소비를 즐기고 스타벅스 커피를 마시며 부모나 남자 친구의 능력으로 과소비를 하는 여성을 '된장녀'라고 불렀다. 사실 이런 사람은 성별과 무관하게 존재하고, 더욱이 여성 중에는 '된장녀'와 무관한 사람들이 많다. 몇몇 여성을 특정해 전체 여성에 대한 편견을 조장하는 이름 짓기다. 그 외에도 2005년 지하철에서 반려견의 변을 치우지 않아 비난을 받았던 '개똥녀', 2006년 월드컵 당시 엉덩이 부분이 비닐로 된 옷을 입고 다닌 여성에게 붙여진 '똥습녀'('엉덩이에 습기 찬 여자'라는 뜻), 2007년 아침방송 프로그램에서 군대 복무 기간이 3년은 돼야 한다고 말한 '군삼녀', 2009년 키 180센티미터 미만 남성을 비하한 한 '루저녀', '결혼 적령기'가 지난 여성을 주식 시장에 비유한 '상폐녀'(상장폐지녀) 등 수많은 '○○녀'가 만들어졌다('결혼 적령기'와 '상폐녀'는 3장에서 다시 언급할 것이다).

'○○녀'라는 표현은 당사자에게 잘못이 없는 경우에도 남성 다수의 눈에 들지 않는다는 이유로 비하의 대상이 되었다는 데 문제가 있다. 명품을 사고 스타벅스 커피를 마시는 게 왜 비하의 대상이 될까. 여성의 주체성을 인정하지 않으려 한다는 것 말고는 다른 해석을 찾기 어렵다. 군 복무기간을 3년으로 해야 한다는 주장은 그 여성 한 명뿐 아니라 군 내부에서도 간부들이나 전역한 남성들이 공공연하게 해왔던 주장이다. 물론 일부 잘못이 있는 '○○녀'들도 있다. 다만 이들이 흉악 범죄를 저지른 것도 아닌데 전 사회적으로 특히 남성 전반에게 비난을 받는 것이 문제라는 것이다.

강호순, 유영철, 정남규 등 연쇄 살인범들이 모두 남성이라고 해서 그들을 '연쇄살인남', '싸패남(싸이코패스 남자)'이라고 부르거나 기사에서 이러한 단어로 지칭하지 않는다(물론 남성에 대한 이와 같은 표현 역시 바람직하지 않다). 이런 사례를 보더라도 한국 사회는 남성 한 사람의 잘못은 개인의 문제로 인식하지만 여성 한 사람의 잘못은 전체 여성의 잘못으로 확대하는 경향이 크다. 여성이 부정적 맥락에서 선택당한다는 것은 성평등이 멀었다는 뜻이다.

'여성'임을 특정당하는 여성들

포털 사이트에서 '여기자'를 검색했더니 관련 단어로 '연예부 여기자', 'KBS 여기자', '미국 여기자', '여기자협회' 뿐 아니라 '여기자 미모'까지 등장했다. 그 밑에는 여성 기자들의 얼굴과 이름이 '검색 인기순'으로 나열된다. 유명 언론사 기자들의 프로필이 나열된 것은 흡사 미인 대회에서 여성들의 사진과 프로필을 나열한 듯 보였다.

이번에는 '남기자'를 검색해보니 관련 단어로 남 씨 성을 가진 기자의 연재 기사 코너명이 떴다. 예상대로 남성 기자들의 프로필이 뜨는 일은 없었다. 화면을 아래로 좀 더 내려보면 블로그나 뉴스 등의 섹션으로 이어지는데 "추억을 남기자", "기록을 남기자"와 같은 게시글이 나왔다. '남성 기자'를 뜻하는 '남기자'는 찾기 어려웠다.

이것은 기자에게만 해당하는 일이 아니다. '여검사'를 검색해보면 여성 검사들과 관련된 단어가 나오고, 역시나 여성 검사들의 사진과 이름이 함께 떴다. 마찬가지로 '검색 인기순'이다. 반대로 '남검사'의 경우 '남기자'를 검색했을 때와 비슷한 결과가 떴다. 사진이나 이름이 뜨지 않는 대신 남 씨 성을 가진 검사 등이 대부분이었다. '여사원'을 검색하면 여사원 관련 콘텐츠가 나타나는데 온라인 게시글보다는 수많은 사진이 상위 결과로 떴다. 선정적인 복장의 여성 사진도 첫 화면에 나타났다. 다시 '남사원'을 검색하면 관련 단어조차 뜨지 않았고, 경기도에 위치한 '남사원주유소'란 곳이 떴다.

이 문제를 보도한 뒤 포털 사이트에서 해당 단어들을 검색했을 때의 첫 화면은 꽤 수정됐다. 여성 기자나 여성 검사의 사진을 나열하는 섹션도 사라졌고, '여사원'을 검색했을 때 첫 화면에 나오는 선정적인 사진도 사라졌다. 그러나 여전히 여성들은 여성임을 특정당하며 산다. 똑같이 교수라는 직업을 가지고 있어도 '여교수'에게는 남편의 직업을 먼저 묻고 남교수에게는 연구 실적을 묻는 현상을 어떻게 설명해야 할까? 한국 사회가 여성을 은연중에 동등한 직업인으로 인정하지 않는 건 아닐까? 굳이

'남직원'이라고 부르지 않듯 '여직원'이란 말 또한 불필요하다.

여성만을 지칭하는 표현들도 문제다. 식품위생법 시행령 제22조를 보면 '유흥종사자'는 손님과 함께 술을 마시거나 노래 또는 춤으로 손님의 유흥을 돋우는 '부녀자'인 유흥 접객원을 지칭한다. 유흥종사자가 '부녀자'이기 때문에 남성은 유흥종사자일 수 없다. 이는 법정에서 '접대부'를 고용할 수 없는 단란주점 사업자가 여성이 고객이고 남성이 접대부인 호스트바를 운영하더라도 법적으로 처벌받지 않는 식으로 작용한다.

이명박 행정부 시절 남성은 접대부가 되지 않는다는 해당 법 시행령 조항이 논란이 됐다. 다만 유흥종사자에 남성을 포함할 경우 호스트바를 양성화할 수 있다며 국무회의에서는 시행령을 개정하지 않았고 여전히 유흥종사자는 '부녀자', 즉 여성만을 뜻한다.

'접대부'란 표현도 들여다볼 필요가 있다. 음악산업법 제22조나 영화비디오법 제62조는 접대부를 "남녀 불문한다"고 규정하고 있다. 그러나 '접대부接待婦'란 단어는 '부녀자婦女子'처럼 '며느리 부婦'를 쓴다. 원래 접객 업무를 여성이 한다는 편견에서 만든 용어이기 때문이다. 손님이 왔을 때 커피나 차 내오는 일을 여성에게만 시키던 옛 기업들의 행태에서도 그런 편견을 볼 수 있다.

불필요한 표현이
불필요한 차별을 낳는다

2018년 국립국어원은 '접대부' 대신 '접객인'이나 '접객원'이라는 순화 표현을 제시했지만 언론 보도에서는 여전히 '접대부'를 사용하고 있다. 여전히 법에서 '접대부'라고 규정하고 있어서다. 접대부라는 표현을 바꿀 것인지, 접대부를 '부녀자'로만 규정한 것은 과연 올바른지 사회적 공론화가 필요하다.

유흥업소에 종사하는 여성을 '직업여성'이라고 아무렇지 않게 부르던 시절이 있었다. 아직도 국어사전은 "주로 유흥업에 종사하는 여성을 완곡하게 이르는 말"이라고 뜻풀이를 하고 있다. 여성에게 '직업'이 어떤 의미였는지 생각해보게 되는 표현이다. '직업여성'에는 여성에게 사회생활이란 여성성을 활용(?)해 돈을 버는 행위라는 전제가 깔려 있다. 또한 가사노동을 담당하는 '보통 여성'과 달리 사회생활을 하는 여성은 '특수한 사례'라는 성차별적 사고방식의 연장이기도 하다. 그러니 어떤 직업으로 어떤 다양한 사회적 기능을 수행하는지가 아닌 여성인지 아닌지를 더 부각하는 게 아닐까.

불필요한 표현이 불필요한 차별을 낳는다. 여성이라고 해서 여기자, 여검사, 여의사, 여교수라고 불릴 필요는 없다. 그냥 기자, 검사, 의사, 교수다.

3인칭 대명사 'They'가
올해의 단어가 된 사연

시민들은 기자들이 새로운 변화를 발 빠르고 정확하게 포착해 말 그대로 '뉴스News'로서 전달해주길 기대한다. 특히 메타버스와 같은 가상공간에서 벌어지는 일이나 블록체인 기술을 이용한 실시간 투자처 변화, 최근 바뀐 부동산·세금 정책에 대한 통찰 있는 분석, 기업발 뉴스 행간에 숨은 유통·커머스 업계의 실태를 드러낸 해설 기사라면 돈을 내고서라도 구독한다.

　고질적인 사회 문제를 취재하는 기자들의 고충은 좀 다르다. 사회 변화를 속도감 있게 전달하는 것이 아닌 수년, 혹은 수십 년간 변하지 않는 현실을 매번 같은 내용으로 비판해야 하기 때문이다. 그럼에도 '뉴스'여야 하기 때문에 새로운 내용을 티끌만큼이라도 찾아야 다시 그 문제를 보도할 수 있다. 비정규직, 장애인, 성소수자 등 사회적 약자에 대한 주제뿐 아니라 법과 제도 개선, 시민의 인식 변화가 필요한 많은 문제가 그렇다.

한 이슈에 대해 이러저러한 수단을 다 동원해 보도해도 개선되지 않으면 '매번 벌어지는 문제를 똑같이 보도해도 되는가.' 하는 고민에 빠진다. 더 큰 사회적 관심을 끌기 위해 기사를 자극적인 방식으로 쓸 경우, 본질은 가려지고 기사 자체가 논란이 된다.

'○○녀'나 '여기자' 등 여성을 특정하는 차별 표현을 쓰지 말자는 내용의 기사는 수많은 기자들이 이미 지겹도록 써왔다. 여성이 잘못을 해도 여성을 특정하지만 심지어 여성이 성폭력 피해를 입거나(권인숙 성고문 사건, 서울대 우조교 성희롱 사건) 살해당해도(하남 여대생 살인사건) 여성을 특정해온 역사로 기록했다.

비슷한 내용의 기사도 다르게 써보고, 비슷한 문제를 비슷해 보이지 않게 쓰려는 고민을 하다가 세운 원칙이 하나 있다. '그녀'라는 표현을 최대한 자제하는 것이다. 통상 남성이면 '그', 여성이면 '그녀'로 3인칭 대명사를 쓰지만 성별을 특정해야 할 부득이한 사정이 있지 않다면 모두 '그'라고 쓰는 것이다. 생각해보면 '그녀'도 '○○

녀'나 '여직원' 등과 다를 바 없다.

2022년 4월 매들린 올브라이트 전 국무부 장관의 장례식이 있었다. 이 자리에 참석한 조 바이든 미국 대통령은 "She turns the tide of history."라고 추도했다. '그녀가 역사의 흐름을 바꿨다.' 정도로 번역할 수 있다. 바이든 대통령의 추도사를 전한 한 기사는 본문에 "그의 역사가 미국의 역사다," "그가 역사의 흐름을 바꿨다." 등 'She'를 '그'로 번역했다. 하지만 기사의 제목은 〈바이든 "그녀가 곧 역사"… 자유의 투사 잠들다〉였다.[8] 특파원인 취재 기자가 본문을 작성하고 제목은 서울에 있는 데스크와 편집 기자들의 몫인 것을 고려하면 한 신문사 안에서, 심지어 같은 기사 안에서도 관점의 차이가 드러난다.

사소해 보이지만 여성도 '그'로 받던 원칙을 지키던 중 오래전 영어권에서 같은 문제의식을 가진 언론인들이 있다는 사실을 알게 됐다. 2019년 《메리엄 웹스터 사전》은 '그들' 혹은 '그것들'을 뜻하는 3인칭 복수 대명사인 'They'를 '올해의 단어'로 선정했다. 이 단어에 '제3의 성 정체성을 가진 사람'을 지칭하는 의미를 부여했기 때문이다. 《워싱턴포스트》는 2015년에, AP통신은 2017년에 3인칭 복수 대명사를 뜻하는 'They'를 단수형으로 사용

할 수 있다고 결정했다.[9]

기존에는 단수형은 남성의 경우 'He', 여성의 경우 'She'로 썼고 'They'는 복수형으로만 썼지만, 젠더 다양성을 인정해야 한다는 추세로 성별 구분이 없는 3인칭 단수 대명사를 쓰자는 뜻이다. 'They are'가 아닌 'They is'라니. 'They'에 호응하는 동사로 'is'가 가능해졌듯, 한국의 언론에도 모든 성별을 '그'로 받는 풍토가 정착되기를 바란다.

파출부, 가정부, 꽃뱀, 처녀, 생리, 김여사, 미망인, 윤락

....

모욕은 여성에게,
영광은 남성에게?

여성용(?) 표현은 보통 여성을 위한 단어가 아니다. '파출부派出婦'는 국어사전에 따르면 "보수를 받고 일정한 시간과 기한 동안 출퇴근하며 가사를 돕는 사람"을 뜻하는데 여기서 사람은 '며느리 부婦', 즉 여성을 뜻한다. 지금도 가사 노동자를 알선하는 많은 직업소개소가 간판에 '파출부'를 내걸고 있다. 마찬가지로 '가정부'라는 표현도 여성을 가리키는 표현이다. '파출부'와 '가정부'가 성차별적이며 '가사 도우미'는 전문성을 인정받지 못한다는 문제의식에 전국가정관리사협회는 이 단어들을 '가정 관리사'로 대체했다. 정식으로 계약서도 쓰고, '집안일'을 주먹구구식으로 모두 맡는 게 아니라 계약서에 정해진 역할만 담당하겠다고 선언했다. 전국가정관리사협회는 2004년 설립

돼 가정 관리사도 노동자라고 주장해왔지만 '가정 관리사'라는 표현은 지금도 낯설다. 2015년 세계여성의날에 이 협회는 '올해의 여성운동상'을 수상했다. '가정 관리사'라는 표현을 넘어 최근 언론에서 대체로 쓰는 표현은 '가사 노동자'다. 가사도 노동이라는 인식을 담은 보편적인 표현으로서 사회적 합의를 얻어가고 있다.

대응하는 남성형 표현이 없거나, 있더라도 뉘앙스가 다른 경우는 사실상 폐기해야 할 용어에 가깝다. 여성을 부정적인 상황에 비유하는 경우도 문제다. '마녀사냥'이나 '권력의 시녀' 등이 그렇다. 권력은 남성에 비유하고, 추종하며 휘둘리는 이들은 여성에 비유한다.

한국국제교류재단에서 펴낸 한국어 교재를 보면 "아내는 반드시 남편의 뜻을 따라야 한다."는 뜻의 '여필종부女必從夫'를 주요 어휘로 가르치면서 "아내가 남편을 잘 섬기는 열녀"를 한국의 전통 가치관으로 소개하고 있다. 시대착오적인 교재다. 연예 매체 기사에서 아직도 빈번하게 여성을 '꽃'에 비유하는 것도 그만할 때가 됐다. 직장 내 성희롱의 상당수는 여성 직원에게 꽃의 역할을 강요하는 분위기에서 시작한다. 그러다 그가 꽃이길 거부하면 '꽃뱀'으로 몰아버린다.

평소엔 '남녀', 욕할 땐 '년놈'
우리 언어생활 속 젠더 위계

일상에서 관용어로 굳어진 표현들도 있다. '어떤 지역이나 단체가 다른 지역이나 단체와 서로 도움을 주고받기로한 관계'를 '자매결연'이라고 한다. 굳이 자매를 써야 할이유가 없기에 '상호결연'으로 대체할 수 있다. 작가 등 창작자들이 처음 작품을 발표하면 '처녀작'이라고 한다. '처녀출전', '처녀비행' 등의 표현도 모두 처음을 뜻한다. '첫작품', '첫 출전', '첫 비행'으로 대체할 수 있다. 수컷과 수정 과정 없이 배아를 성장시키는 자연 현상을 '처녀생식'이라고 하는데, 그 대신 '단위생식', '단성생식'이라고 쓸수 있다. 결혼식장에서 결혼 당사자들이 입장하는 길을'버진 로드virgin road'라고 하는데 이는 실제 영어에서 쓰이지 않는 일본식 영어다. 영어로는 '웨딩 아일wedding aisle'이다. '버진virgin'의 어원인 라틴어 'vāgīna'는 "칼을 넣는 칼집"을 의미했는데 "남성의 성기가 머무는 곳"이란뜻으로 확장된 단어다.

'생리'를 '정혈精血'로 쓰는 경우도 늘고 있다. 오랫동안여성의 생리는 마치 감춰야 하는 부정적인 것으로 여겨졌다. 생리를 '마법'이라고 부르거나 매달 한다며 '월경', '달거리' 등으로 표현했다. 심지어 생리하는 날도 '그날'이라고 했다. 그 대신 '맑은 피'라는 뜻의 '정혈'로 쓰자는 제안이다.[10] 남성이 사정하면 나오는 액체인 정액精液(맑은 진액)과 대응할 수 있는 표현이다. 이에 생리대나 생리컵, 생리기간을 '정혈대'나 '정혈컵', '정혈기간'으로 대체하기도 한다.

운전에 서툰 여성을 '김여사'라고 부른 것도 성차별 표현이다. 운전에 서툴거나 비상식적으로 운전하는 사람이 모두 특정 연령대의 여성일 수는 없다. 중년 여성이 모두 운전에 서툴지도 않다. 과거 '아줌마'라는 표현을 두고 중년 여성 혐오라는 비판이 있었는데, 김여사는 그 후속 격이다. 아줌마나 김여사를 부정적인 맥락에서 사용하기 때문이다. '운전 미숙자'라고 쓰면 성차별적이지도 않고 더욱 적확하다. 작가면 작가이지 '여류 작가' 또는 '규수 작가'라고 여성을 특정할 필요도 없다. 남편이 죽으면 여성이 따라 죽어야 한다는 의미가 담긴 '미망인' 역시 사라져야 할 성차별 표현이다. '미망인'도 대응하는 남성형 단어가 없다.

여성이 타락해 몸을 파는 처지가 됐다는 뜻으로 쓰인

'윤락'은 도덕적인 비난의 뜻을 담고 있다. 1961년 제정한 '윤락행위등방지법'은 성매매 여성을 처벌하는 데 초점을 맞추고 있었다. '창녀', '매춘여성', '직업여성' 등은 '윤락여성'을 부르던 다른 이름들이었다. 특히 성매매 여성을 '직업여성'으로 부른 것은 기존 사회가 여성을 바라보던 인식의 민낯을 적나라하게 드러낸다. 여성운동과 민주화로 이들 용어는 차츰 바뀌었다. 도덕적 비난의 의미를 제거하고 객관적으로 '성매매 여성'이라고 부르기 시작했고, 2004년 '성매매 알선 등 행위의 처벌에 관한 법률'과 '성매매 방지 및 피해자 보호 등에 관한 법률'로 법도 개선했다. 성매매 여성에게 책임을 묻기보다 알선자나 성 구매자에 대한 처벌을 강조했다. 그럼에도 언론에는 여전히 '윤락'이라는 단어가 심심치 않게 등장한다.

'성매매 여성' 대신 '성 노동자'라고 명명해야 한다는 주장도 있다. 이는 여성운동계 내부에서도 치열한 논쟁거리다. 포주들이 여성의 성을 착취하는 행위로 볼 경우, 성매매는 노동일 수 없다. 이런 관점에선 '자발적 성매매'란 개념도 성립하기 어렵다. 여성이 제대로 된 일자리를 구하지 못할 경우, 피치 못해 성매매를 하게 된다는 것이다. '성매매 여성'을 주장하는 쪽은 '성 노동자'라고 부르자는 주장에 대해 성매매 산업을 유지, 확장하려는 포주의 이해관계에 입각해 있다고 비판한다.

반면 '성 노동자'라고 부르자는 입장에선 성매매 여성들을 보호하기 위해서 노동권을 보장하자고 주장한다. 일을 하고 돈을 받는 모든 행위를 노동이라고 한다면 성매매 역시 노동이다. 성매매가 엄연히 존재하는 현실에서 막연히 성매매가 없어져야 한다는 당위 때문에 실재하는 성매매 여성들의 권리가 제대로 지켜지지 않는 것도 문제다. 성매매도 노동의 차원에서 본다면 노동권, 노동자로서 인권을 존중받아야 하는 게 사실이다. '윤락 여성' 등과 같은 시대착오적 표현을 지양하는 것은 물론 '성매매'와 '성 노동'에 대한 토론도 필요하다.

반대로 남성을 특정하는 표현도 지양할 필요가 있다. '스포츠맨십'은 '스포츠정신', '비즈니스맨'은 '직장인', '개그맨(개그우먼)'은 '코미디언'으로 각각 대체하는 게 낫다. 형제애는 자주 쓰이지만 자매애라고 쓰는 경우는 드물다. 〈화장품, 알고 보니 '편의점 효자 상품'〉, 〈톡톡 두드려 완성하는 '쿠션 팩트', 글로벌 시장 효자 노릇 '톡톡'〉 같은 기사 제목을 보면 여성을 겨냥한 상품인데 '효자 상품'이다.

'권력의 시녀' 등을 보면 모욕은 여성에게, '효자 노릇'이나 '효자 상품' 등을 보면 영광은 남성에게 돌리고 있다. 평소엔 '남녀'로 표기하면서 욕할 때만 '년놈'들이라고 하는 것만 봐도 우리 안의 젠더 위계는 생각보다 뿌리가 깊다.

'정상가족'이라는
지워지지 않는 흉터

여전히 '가족' 하면 떠올리는 고정관념은 '엄마, 아빠, 자녀 1~2명으로 이루어진 공동체'일 것이다. 포털 사이트에서도 '가족'이나 '가정'을 검색하면 대부분 부모와 자녀로 구성된 4~5인의 가족사진이나 그림이 나타난다. 결혼과 출산으로 연결된 관계가 사회를 구성하는 기초 단위라는 고정관념에 가부장 문화가 이어지면서 가족이나 친족 관련 용어에는 성차별 요소가 곳곳에 배어 있다.

한국의 평균 가구원수가 5명이던 시절은 1970년대, 4명이던 시절은 1980년대. 평균 가구원수는 1990년 3.7명을 기록한 이후 꾸준히 감소해 2020년 2.3명을 기록했다. 가구원수별 가구 구성 비율은 1970년과 1975년 6인 이상 가구가 각각 43.8%, 40.7%로 가장 많았지만 2015년 1인가구(27.2%)가 2인가구(26.1%)보다 많아지면서 1인가구가 가장 보편적인 가구 형태로 자리 잡았다.[11] 게다가 한부모 가정, 비혼, 비혈연 가정이 늘어나고 미디어에도 많이 노출되고 있으며, 최근 TV 리얼리티 예능 프로그램에서 이혼한 사람들의 이야기도 호응을 얻고 있다.

2021년에는 오준호 기본소득당 대선 후보가 '생활동반자제도 도입'을 공약으로 내걸었다. 이성애나 혼인 여부와 관계없이 돌봄, 생계 등을 함께한다면 '생활동반자관계'로 인정하고 기존 부부나 가족에 준하는 권리를 부여하자는 내용이다. '생활동반자법'은 2014년 진선미 새정치민주연합(현 더불어민주당) 의원이 준비했지만 기독교계 등의 반발로 발의조차 못했던 법이었다.

여성과 남성이 결혼해 아이를 낳아 이룬 '정상가족'은 옛일이 됐지만, 가족과 관련한 용어는 아직도 가부장제를 지탱하는 '정상가족' 프레임 안에 있다. 다양한 형태의 가정을 비정상가족으로 보는 위계적 사고는 결혼을 하나의 선택지가 아닌 마땅히 해야 할 필수과정으로 본다. 결혼을 아직 하지 못했다는 뜻을 담은 '미혼' 대신 당사자의 판단으로 결혼을 하지 않았다는 뜻의 '비혼'이란 용어는 그나마 널리 쓰이고 있다. 미성년 자녀가 있으면서 사망,

이혼, 별거 등으로 부모 한쪽 또는 양쪽이 없는 가정을 '결손 가정'이라고 불렀다. '정상가족'에 미달한다는 뜻을 담고 있다. '한부모 가정'은 '편부 가정', '편모 가정', '편부모 가정'의 대체 용어다.

'부부夫婦'란 표현도 따져볼 만하다. '남녀'처럼 남성 여성 순으로 지아비 부夫, 며느리 부婦를 붙인 단어이면서 동시에 '결혼'을 전제로 한 개념이다. 2022년 1월 서울행정법원은 성소수자 커플이 배우자의 건강보험 피부양자 자격을 인정해달라며 국민건강보험공단을 상대로 제기한 행정소송에서 "현행법 체계상 동성인 두 사람의 관계를 사실혼 관계로 평가하기 어렵다."며 "동성 간 결합과 남녀 간 결합이 본질적으로 같다고 볼 수 없다."라고 판단했다. 서로 사랑하며 돌봄을 제공하고 같이 살더라도 '부부' 자격을 얻지 못하는 사람들이 있다는 뜻이다. 이런 관점에서 '부부'란 말은 성차별적이면서 지나치게 협소한 개념이라고 볼 수 있다.

여성과 남성이 함께 산다고 해서 혼인을 한 '부부'라고 볼 수도 없다. 점점 결혼 제도를 필요로 하지 않는 사람이 늘어나기 때문에 함께 사는 남녀를 '부부'라고 재단하는 것 역시 결혼을 해야 '정상'이라는 '정상가족' 프레임에 갇힌 시각이다. 앞서 생활동반자법을 언급했듯이 '동반자'도 부부를 대체할 수 있는 표현이고 '짝', '파트너' 등을 사용할 수 있다.

남성이 모든 것의 중심에 있는 '이상한 정상가족'의 언어

집안의 살림을 도맡아 하는 여성이란 뜻의 '주부' 역시 현실과 맞지 않는다. 2019년 서울시 여성가족재단은 시민의 참여로 함께 만드는 〈서울시 성평등 생활사전〉을 통해 성차별 표현인 '주부' 대신 '살림꾼'을 제시했다. 주부와 비슷한 의미의 '집사람', '안사람'이나 남편을 뜻하는 '바깥사람', '주인양반' 등은 '배우자'로 개선하자고 했다. 남편이 하는 '외조', 아내가 하는 '내조'도 '배우자의 도움'이란 중립적 표현으로, '친가'와 '외가' 대신 '아버지 본가', '어머니 본가'를 제시했다. 이때 아빠의 어머니인 '친할머니'와 엄마의 어머니인 '외할머니'는 구분을 두지 않고 모두 할머니로 부를 수 있다.

'시댁'과 '처가'도 따져볼 필요가 있다. 남성 쪽 집안은 시'댁'인데 여성 쪽 집안은 처'가'이지 않다. 시댁에는 시아버지와 시어머니가 있지만 처가에는 장인과 장모가 있다. 모두 아버지, 어머니 또는 아버님, 어머님으로 바꿀 수 있다. 여성이 결혼할 때 '시집 간다'는 표현도 이제 현실에 맞지 않는다. 최근 젊은 세대들은 '서방님', '도련님'이나 '아가씨', '아주버님'이 정확히 누굴 가리키는 용어인지도 잘 모른다.

아내는 남편의 남동생을 서방'님'이나 도련'님'으로 부르지만, 남편은 아내의 남동생에게 '처남'이라며 서로 다르게 부르는 것도 차별이란 지적이 나온다. 차라리 아무개 씨, 아무개 님이라고 이름을 부르는 것도 좋은 방법이다. 여성을 비하하는 맥락에서 쓰인 '여편네', '부엌데기' 등의 표현은 사라져야 할 용어다.

"학생의 아버지나 형"이란 뜻의 '학부형'은 자녀의 보호자가 남성이라는 성별의 위계를 반영한 단어다. '학부모'로 대체되는 분위기지만 이 역시 '정상가족' 프레임에서 보호자를 한정한 표현이다. 미성년자의 보호자는 반드시 학부모일까? 친족이거나 동네 지인일 수도 있고, 학교나 보육원 선생님, 혹은 사회복지사일 수도 있다. 이들을 다 포괄할 수 있는 '어른', '보호자' 등이 적확한 표

현이면서, 듣는 미성년자에게 불쾌감이나 상처를 주지
않는다.

친밀한 표현 속에
은폐된 폭력

'데이트 폭력'은 연인 간 발생하는 폭력을 뜻했다. 지금은 폭력 앞에 붙은 '데이트'라는 말이 데이트 '폭력'의 폭력성을 희석한다고 비판하지만 데이트 폭력이라는 말이 처음 사용됐을 때는 전혀 다른 분위기였다. 연인 간의 '사적인 일'에 제삼자가 개입할 필요가 없다고 생각했기 때문에 연인 간 폭력이 문제라고 인식하지도 못한 사람이 많았다. 부부 간에 벌어지는 가정 폭력 역시 비슷한 이유에서 공적 담론으로 인정받지 못했다.

한국성폭력상담소가 2001년 '데이트 폭력 상담실' 홈페이지를 마련하고 데이트 폭력을 온라인으로도 상담하기 시작했다. 사적인 영역에 갇혔던 문제를 공론장에 진입시키려 한 것이다. 한국성폭력상담소는 '데이트 중에

일어난 육체적, 언어적 폭력'을 데이트 폭력으로 규정했다. 데이트하는 관계라도 폭력이 가능하고, 상담을 할 수 있어야 한다는 뜻이다. 〈가정 폭력만 있냐? '데이트 폭력'도 있다!〉[12]라는 2005년 기사를 보면 여전히 연인 간 폭력에 둔감했던 분위기를 확인할 수 있다. 당시 한국여성상담센터 관계자는 기사에서 "데이트 폭력을 폭력이라고 인지하기가 쉽지 않은데 연애 관계에서 성폭력을 성욕 표현의 일종이라고 생각하는 것이 그 예"라며 "[사귀는] 둘 사이의 다툼이 무엇이 문제냐는 생각이 지배적"이기 때문이라고 말했다.

이제 대다수 언론에서는 데이트 폭력 대신 '교제 살인', '교제 폭력'이라는 말을 사용하고 있다. '교제 살인'은 《오마이뉴스》가 2020년 관련 연재 기사에서 사용한 표현이다. 데이트 폭력이 '폭력'보다는 소위 '사랑싸움'이라는 인상을 준다는 문제의식에는 동의하지만 대체어가 '교제 살인', '교제 폭력'으로 굳어진 것에는 쉽게 수긍이 가지 않았다.

'교제'도 연인 관계를 뜻하는 단어가 아닐까? 여기서 '데이트'와 '교제'는 과연 무슨 차이일까? 의미상으로 큰 차이가 없지만 '데이트date'는 영어라서 더 긍정적인 뉘

앙스를 담고 있고, '교제交際'는 한자어라서 그렇지 않다
고 생각할 수밖에 없었다.

'무엇을 드러낼 것인가'는
'누구에게 책임을 물을 것인가'의 문제

내가 기사를 쓰며 고민했던 단어는 '연인 폭력', '연인 간
폭력'이었다. 그냥 '폭력', '살인'이라고 쓰지 않은 이유는
연인 간에 벌어지는 폭력이나 살인만의 특징이 있기 때문
이다. '연인 간 폭력'을 쉽게 인지하지 못하거나 심각성
을 은폐하는 분위기가 여전히 남아 있고, 친밀했던 사이
에서 알았던 다양한 개인정보를 활용한 폭력이나 스토킹
등으로 확산할 우려가 있기 때문에 구분해서 다룰 필요가
있다. 또한 대다수의 연인 폭력이 젠더 문제와 연결되기
때문이기도 하다.

　'연인 폭력', '연인 살인'을 제안하는 다른 이유도 있
다. 데이트 폭력에서 문제가 됐던 지점은 폭력의 가해자
와 피해자의 '관계'를 강조한 부분이다. 사적인 관계로
치부되며 제삼자의 개입을 차단한 원인이 가해자와 피해

자의 '관계'라면 교제 폭력이나 교제 살인 역시 마찬가지 문제에 직면하게 된다. 그렇다면 '관계'보다는 '사람(가해자)'을 부각하는 게 낫지 않을까. 가해자가 사랑하거나 사랑했던 연인이라면 피해자가 겪을 딜레마나 이중고가 다른 종류의 폭력과 다르다는 사실을 알아챌 수 있다.

참고로 유엔에서 공식적으로 사용하는 용어는 '파트너 폭력Partner Violence'이고 세계보건기구에서는 '친밀한 파트너 폭력Intimate Partner Violence'이다. 여기서 파트너에 가장 가까운 말도 '연인'이다. "무엇을 드러낼 것인가."는 "누구에게 책임을 물을 것인가."에 관한 문제다.

피해자를 하찮고 부끄럽게 만드는 말

희롱은 아무래도 '놀림'에 가까운 단어다. 희롱이라는 단어 안에 성희롱의 고통을 담기 어렵다.

2012년, A씨 팀에 새로 온 지 한 달 된 팀장은 A씨에게 등산을 가자고 했다. 여느 직장인들이 그렇듯 A씨는 귀찮았지만 상사의 제안에 응했다. 험한 산길에서 팀장은 A씨의 손을 잡거나 "술을 마시자," "배우자와 말이 통하지 않는다." 등의 발언을 했다. 수차례 거절에도 수위는 높아졌다. 팀장은 A씨에게 "오일로 전신 마사지를 해주겠다."는 등의 발언을 했고 성희롱은 약 1년간 이어졌다. 해당 팀장은 A씨의 1차 근무 평정자(인사권자)였다.

직장 내 성희롱 사건이 가볍지 않은 이유는 피해자가 부적절한 언행을 성희롱이라고 규정하는 순간 문제를 제기하지 않을 수 없고, 그렇다고 문제를 제기하면 '조직을 시끄럽게 만드는 직원'으로 찍히거나 각종 2차 피해 위험에 놓일 수 있기 때문이다. 실제로 이런 시선들 때문에 많은 피해자가 처음에 사건을 성희롱이라고 규정하기 주저하며 '그냥 불편한 상사를 만난 문제'로 생각하려 한다.

고민 끝에 A씨는 회사에 이 사실을 신고했다. 팀장과 A씨의 상사였던 회사 임원은 둘 모두에게 "회사를 그만두라."고 했고, 사내 인사팀에 공식화하거나 외부에 알리면 임원인 자신도 피해를 입을 수 있다고 경고했다. 또 다른 인사팀 직원은 "A씨도 동의한 일"이라거나 "성희롱은 주관적이고 남성에게 불리하다."는 소문을 냈다. 피해자를 '꽃뱀'이라고 비난하는 전형적 프레임이다. 성폭력 사건에서 흔히 벌어지는 2차 가해다.

A씨는 원래 맡고 있던 전문 업무에서 배제됐고, 징계를 당한 뒤 대기 발령 조치를 받았다. A씨를 도운 동료 직원까지 중징계를 당했다. '꽃'이 되길 거부했더니 '꽃뱀' 취급을 당한 A씨는 하는 수 없이 가해자인 팀장, 2차 가해를 한 임원과 인사팀 관계자, 르노삼성자동차를 상대로 손해배상 청구 민사소송을 시작했다.

당시 '르노삼성 성희롱 사건'은 언론에 널리 알려졌듯

대법원이 성희롱 가해자(팀장)뿐 아니라 피해자에게 '2차 가해'를 한 관계자(임원)와 회사 법인에도 불법 행위를 가했음을 인정한 사건이다. 남녀고용평등법(남녀고용평등과 일·가정 양립 지원에 관한 법률)을 보면 성희롱 피해자에게 불이익 조치를 금지하고 있다. 이런저런 트집을 잡아 피해자를 징계하거나 직무, 평가, 교육 등의 불리한 조치, 따돌림이나 폭언, 폭행 등을 해선 안 된다며 불이익 조치를 폭넓게 규정했다.

피해자는 소송을 시작한 뒤 20차례 이상 심리 상담을 받는 등 극심한 정신적 고통을 받았다. 민사소송을 시작한 지 무려 4년 반 만인 2017년 12월 대법원은 성희롱 피해 사실과 이후 회사 측의 부당한 대응을 인정하며 피해자의 손을 들어줬다.

다시 해가 네 번 바뀌었다. 2021년 8월 대법원은 형사 사건에서 르노삼성 사업주에게 벌금 2000만 원의 유죄를 선고했다. 재판부는 "[2차 가해는] 피해자가 피해를 감내하고 문제를 덮어버리도록 하는 부작용을 초래할 뿐만 아니라 피해자에게 성희롱을 당한 것 이상의 또 다른 정신적 고통을 줄 수 있다."라고 판시했다. 성희롱이 처음 시작된 2012년 3월을 기준으로 거의 10년이 흐른 뒤 나온 판결이다. 그동안 민사사건과 형사사건 각각 대법원 판결문이 나올 때까지 기사에 담지 못한 피해자의 고충은 훨씬 광범위하고 깊었다. 회사에서 성실한 직원이었던 평범한 시민이 8년 넘는 법적 분쟁에 휘말렸으니 이 또한 당해보지 않은 사람이라면 예상하기 어려운 고통이다.

2017년 말부터 시작한 미투 운동으로 많은 성폭력 피해자가 성폭력 사실을 말했고 연대했다. 누군가는 르노삼성 성희롱 사건 기사를 보고 힘을 냈고, 르노삼성 성희롱 피해자는 다른 이들의 미투를 접하며 힘을 냈다. 그럼에도 피해자가 겪은 상처와 좌절은 계속 이어졌다. 어느 순간 피해자가 법정 다툼에 질렸다는 느낌을 받았고, 나 또한 피해자의 말을 인터뷰해서 기사화하자는 제안을 멈췄다. 그러자 오히려 더 많은 이야기를 들을 수 있었다. 다만 그 내용은 어디에도 활자화할 수 없다. 안타깝지만 오로지 그의 짐이다. 피해자는 여전히 회사에 다니고 있다. 분위기가 어떨지는 독자들 상상에 맡긴다.

대법원의 르노삼성 측 유죄 선고를 끝으로 이 '성희롱 사건'의 법적 다툼이 끝났다. 가장 기억에 남는 건 피해자를 처음 만났을 때 "직장에서 미움받는 건 싫지만 그렇다고 성희롱을 당하고 싶진 않았다."라던 그의 말이었다. 앞으로 직장에서 벌어지는 다양한 문제를 이해할 때 떠올려야 할 말이라고 생각했다. 그리고 사건은 끝났다고 생각했다.

21대 국회의원 선거를 두 달 앞둔 2020년 2월, 당시 자유한국당이 전주혜 변호사를 영입했다. 한국당은 전 변호사를 '성인지 감수성' 대법원 판결을 최초로 이끌어낸 여성 인재라고 소개했다. 황교안 한국당 대표는 "우리 당의 여성 친화 정당의 면모가 더 강해지리라 생각한다."라고 말했다. 이 내용은 그대로 수많은 매체에 기사화됐다. 르노삼성 성희롱 피해자 입장에선 속이 뒤집어질 일이었다. 전 변호사가 르노삼성자동차와 그 관계자들이 2차 가해를 한 혐의로 기소된 형사재판에서 2차 가해자 변호인단에 이름을 올렸기 때문이다.

피해자 입장에서 분노할 만한 지점은 두 가지다. 첫째는 민사소송이 진행되면서 이미 르노삼성 법인과 회사 관계자들이 2차 가해자라는 판결을 받은 뒤 전 변호사가 형사재판에서 2차 가해자 측 변호를 맡았다는 사실이고 둘째는 한국당이 전 변호사를 영입하면서 '여성 친화 정당', '여성 인재'라는 키워드로 그를 홍보했다는 점이다.

헌법상 누구나 변호사의 조력을 받을 수 있다. 따라서 변호사는 누구든 변호할 수 있다. 그러나 변호사로서 성희롱의 2차 가해자도 변호할 수 있는 것과 이 사실을 은폐한 채 제1야당이 '여성 친화 정당'을 만들겠다며 2차 가해자 측 변호사를 영입한 것은 다른 문제다.

전 변호사 등 르노삼성 측 변호인들은 실제 재판에서도 피해자 A씨에 대해 2차 가해를 해서 논란이 됐다. 피해자 A씨의 법률대리인들은 2019년 1월 형사소송 재판부에 의견서를 제출했다. 의견서를 보면 "피고인들(르노삼성 측)은 2018년 8월 공판 기일에 증인으로 출석한 A씨에게 성희롱 가해자(팀장)가 '잘 봐줘서' 과거 최상 등급 근무평정을 받은 것을 알고 있느냐며 A가 성희롱 가해자에게 잘 보여 이득을 얻어왔다는 듯한 인신 모독적 질문을 했다."라며 "이는 민사소송 1심부터 인정해온 이 사건의 직장 내 성희롱 사실을 완전히 무화시키며 피해자를 여전히 '꽃뱀'으로 모는 태도"라고 지적했다. 재판 과정에서도 전 변호사 등이 피해자를 '꽃뱀'이라고 공격했다는 주장이었다.

한국당 측은 이 사건에 대해 제대로 해명하지 않았다. 당 인재영입위원장은 관련 질문에 답을 하지 않았고, 당 대변인은 사실 관계를 확인해보겠다는 짤막한 답변만 남겼다. 전 변호사는 비례대표로 국회의원에 당선됐고, 국회 여성가족위원회와 법제사법위원회를 상임위로 배정 받았다.

2021년 8월 대법원에서 르노삼성 측의 유죄 판결이 나오자 당시 여당에서도 관련 입장문이 나왔다. 한준호 더불어민주당 원내대변인은 "불과 몇 년 전 성희롱 2차 가해자 측을 대변했던 전 의원의 이러한 행보에 과연 진 정성이 있다고 할 수 있을지 강한 의문이 든다."라고 지 적했다. 이어 "수년간 끝이 보이지 않는 싸움을 해온 피 해자의 고통은 감히 헤아리기 어려울 것"이라며 "전 의 원이 피해자 고통에 공감한다면 지금이라도 '르노삼성 성희롱 보복 징계 사건' 피해자에게 진심으로 사죄해야 할 것"이라고 주장했다. 물론 전 의원은 답을 내놓지 않 았다.

성범죄의 피해자는
놀림감도, 부끄러움의 대상도 아니다

'르노삼성 성희롱 사건'과 그 이후 취재 내용을 자세하게 전한 이유는 하나다. 이 사건을 '희롱'이란 단어 속에 담을 수 없기 때문이다. 2021년 김기현 국민의힘 의원은 성범죄의 성격을 명확하게 규정해야 한다며 '성희롱'을 '성적 괴롭힘'으로 변경하는 내용의 남녀고용평등법, 국가인권위원회법, 양성평등기본법, 여성폭력방지법 개정안을 대표발의했다. 현행법에선 성희롱을 "'직위를 이용' 또는 '업무 등과 관련'해 성적 언동 등으로 성적 굴욕감 또는 혐오감을 느끼게 하거나 성적 언동 또는 그 밖의 요구 등에 따르지 아니한다는 이유로 '고용상의 불이익'을 주는 것"으로 규정하고 있다. 하지만 미국의 사례를 봐도 'sexual harassment', 즉 '성적 괴롭힘'으로 규정하고 있다. 김 의원은 "성범죄는 영혼을 죽이는 범죄라고 할 만큼 피해가 심각하나 모호한 법률용어로 성범죄의 실체가 축소, 경시되고, 이로 인해 2차, 3차 가해까지 야기될 우려가 높았던 것이 사실"이라며 "한국 사회가 성범죄의 심각성을 무겁게 받아들이고 인식을 변화시켜나가길 기대한다."라고 법 개정 취지를 설명했다.

공교롭게도 김 의원이 '성희롱'을 '성적 괴롭힘'으로 바꾸자는 법 개정안을 발의한 날 권인숙 더불어민주당 의원은 성범죄 피해자가 느끼는 감정을 '성적 수치심'이 아니라 '성적 불쾌감'으로 변경하는 내용의 남녀고용평등법 일부 개정안을 발의했다. 수치심은 '부끄럽고 떳떳하지 못하다'는 뜻으로 범죄를 저지른 사람이 느껴야 할 감정이지 피해자가 느껴야 할 감정이 아니다.

'성적 수치심'은 과거 성범죄가 발생하면 피해자에게 잘못을 떠넘기고 피해자 탓으로 몰아세웠던 관점에서 생긴 표현이다. 권 의원은 대검찰청이 소관 훈령과 예규에 적힌 '성적 수치심'을 '성적 불쾌감'으로 개정을 권고해 2021년 5월 '대검찰청 공무직 등 근로자 관리지침'에서 '성적 수치심'을 '성적 불쾌감'으로 개정한 사실을 예시로 제시했다. 또한 '아동학대사건 처리 및 피해자지원에 관한 지침', '범죄피해자 보호 및 지원에 관한 지침', '성폭력사건 처리 및 피해자 보호지원에 관한 지침'에서도 '성적 수치심'을 '성적 불쾌감'으로 바꾸는 과정에 있다고 전했다. "피해자가 빌미를 제공했다는 식의 잘못된 통념을 강화하는 등 시대착오적인 용어를 바로잡아 성희롱 피해자들이 느낀 감정을 보다 정확하게 전달할 수 있는 용어가 자리 잡을 수 있도록 하겠다."

'성희롱'은 '성적 괴롭힘'으로, '성적 수치심'은 '성적 불쾌감'으로 바꿔 써야 한다.

그건 장난도 아니고 유희도 아니다

'성희롱'처럼 폭력성을 은폐하는 표현을 찾는 일은 어렵지 않다. 2021년 시민단체 '정치하는엄마들'이 '음란물'과 '몰카'란 단어를 쓴 기사 총 2762건에 대해 언론중재위원회에 시정 권고를 요청했다. '음란물'을 '성착취물'로 대체해야 한다는 주장이다.

2020년 6월 '아동·청소년 성보호에 관한 법률' 제11조 '아동·청소년 이용 음란물'은 '아동·청소년 이용 성착취물'로 바뀌었고 이에 대한 처벌도 강화했다. 정치하는엄마들은 "'음란물'은 범죄 피해자를 음란한 행위를 한 자로 간주해 오히려 피해자에게 책임을 돌리며 디지털 성범죄를 과소평가하는 용어로, 이는 취약한 상황에 처한 아동·청소년이 쉽게 성범죄의 대상이 되는 현실을 전혀 반영하지 못한다."라고 설명한 뒤 "법률 용어가 개정됐지만 언론에선 '음란물'이란 표현 사용이 여전하다."라고 비판했다. 더불어 '몰카'의 경우 '불법 촬영'이나 '디지털 성범죄' 등으로 대체하자고 했다.[13]

1990년대 초반~2000년대 중반 코미디언 이경규 씨가 진행한 〈몰래카메라〉라는 TV 프로그램에선 연예인들에게 당사자 몰래 난감한 상황을 만들어 당황하는 출연자의 모습을 카메라에 담았다. 최근 논란이 되는 '몰카'는 이경규의 몰래카메라와 다르다. 화장실에 카메라를 설치하거나 에스컬레이터 등에서 타인의 치마 속을 촬영하는 등의 '불법 촬영', '디지털 성범죄'를 뜻한다.

2017년 정부는 국무회의에서 '디지털 성범죄 피해 방지 종합대책'을 발표하며 '몰카'가 아닌 '불법 촬영'이라고 했고, 2019년부터는 불법 촬영을 범죄로 규정해 몰카와 구별해야 한다고 했다. 촬영뿐 아니라 불법 촬영물 복제·유통·구입·시청 등 일련의 행위를 모두 범죄로 규정했다. 정치하는엄마들은 "예능 프로그램에서 시작된 '몰카'라는 단어는 당사자 동의 없이 촬영하며 반응을 살피는 이벤트나 장난 등 유희적 의미를 담고 있어 범죄를 순화시키기 때문에 심각성을 나타내기 적합하지 않다."라고 주장했다.

불법 촬영물을 이용해 피해자(주로 전 연인)의 성적 이미지를 유포하겠다고 협박한다는 뜻의 '리벤지 포르노'도 논란이다. 리벤지가 보복·복수를 의미하는데 마치 피해자가 폭력적 행동의 원인을 먼저 제공해 보복을 유발했다는 뉘앙스를 품고 있어서다. 불법 촬영물로 피해자를 협박하고 실제 유포하고 시청하는 일련의 집단 범죄는 이미 많은 피해자가 스스로 목숨을 끊게 한 심각한 폭력이다. '리벤지 포르노'라는 용어는 사적 갈등이나 쌍방 책임의 문제로 축소해 인식하게 할 수 있다.

《한겨레21》의 〈'리벤지 포르노'가 아니라 '이미지 기반 학대'다〉[14]란 기사를 보면 디지털 성범죄에 가장 적극적으로 대응하는 오스트레일리아는 사적 이미지를 동의 없이 공유하는 행위를 '이미지 기반 학대image-based abuse'라고 부른다. '리벤지 포르노'를 대체할 만한 표현이다. 2016년 오스트레일리아 정부의 '법률 및 헌법 업무 참조 위원회'가 '이미지 기반 학대'라는 용어를 권장했고 현재 오스트레일리아의 법이나 정부 공식 문서는 이 용어를 사용 중이다.

'몰카', '음란물', '리벤지 포르노'라는 용어를 바꿔야 하는 이유는 많은 이들이 디지털 성범죄에 둔감하기 때문이다. 미성년자까지 협박해 성착취 동영상을 제작해 유포한 '텔레그램 N번방' 사건이 국민적 공분을 일으키고 정치권에 법제도 개선을 요구하던 2020년 국회 법제사법위원회에서는 관련 법안 심사가 있었다. 그러나 "일기장에 혼자 그림 그린다고 생각하는 것까지 처벌할 수 없지 않느냐"(송기헌 더불어민주당 의원), "자기만족을 위해 나 혼자 즐기는 것까지 처벌할 거냐"(정점식 미래통합당 의원) 등의 발언이 있었다. 갈 길이 멀다.

개인의 성별은 누가 정하는가?

여성이 한 여자대학에 합격했는데 여성들의 반대로 입학이 무산됐다. 2020년 초 한국에서 벌어진 일이다.

2019년 태국에서 '성확정 수술'(성전환 수술)을 받아 남성에서 여성으로 성별을 바꾼 트랜스젠더 여성이 숙명여대 법과대학에 합격했다. 숙대를 포함해 여러 여자대학에서 해당 트랜스 여성의 입학 반대 입장을 표명했고, 그에 대한 인신공격과 차별 발언이 뒤따랐다. 규정상 아무런 결격 사유가 없었지만 사회적 비난으로 그는 결국 입학을 포기했다. 그는 언론과 인터뷰에서 "마음이 너덜너덜해졌다."라고 말했다. 비非트랜스젠더 여성들이 법 규정까지 초월해 한 인간의 성별을 결정해버린 명백한 폭력이었다.

대한민국 육군 제5기갑여단 전차 조종수 부사관으로 복무하던 변희수 하사는 소속 부대에서 휴가를 승인받아 2019년 11월 태국에서 남성에서 여성으로 성확정 수술(성전환 수술)을 받았다. 다음 달인 12월 변 하사는 법원에 성별 정정 신청서를 제출했고, 법원은 이듬해 2월 그의 성별을 여성으로 정정했다. 그러나 대한민국 육군본부와 국방부는 그의 직무 복귀를 허락하지 않았고, 일단 전역한 뒤 여군으로 다시 입대해 복무하겠다는 변 하사의 뜻도 받아들이지 않았다. 육군은 "남성 신체의 일부가 훼손됐다."라며 심신장애 3급을 판정해 변 하사를 강제로 전역시켰다.

숙대 입학 무산 사건과 함께 당사자의 의사와 사법부의 판결까지 인정하지 않는 희귀한 결정이었다. 강제 전역을 취소해달라는 소송을 제기한 뒤 변 하사는 첫 변론을 앞둔 2021년 3월 자택에서 사망한 채 발견됐다. 향년 22세. 7개월 뒤인 10월 대전지방법원은 변 하사에 대한 군의 강제 전역 결정이 위법하다고 판결했다.

대통령 소속 군사망사고진상규명위원회는 변 하사가 스스로 목숨을 끊은 원인으로 강제 전역이 해당하는지 조사했고, 2022년 4월 변 하사의 죽음을 '순직'으로 인정해

야 한다고 결론 내렸다.[15]

이 두 가지 사회적 폭력을 살펴보면 이런 질문이 떠오른다. 과연 개인의 성별은 누가 결정하는가? 아기를 낳을 수 있으면 여성인가? 당연하게도 모든 여성이 아기를 낳을 수 있는 몸을 가지고 있지 않다. 태어났을 때 성기의 모양이 성별을 결정한다고 생각할 수 있다. 그러나 남성과 여성으로 성기 모양이 똑 떨어지지 않는 경우도 많다. 또한 이들을 남녀 어디에도 해당하지 않는다며 비정상이라고 격하할 수는 없다. 아이가 태어났을 때 성기 모양으로 어른들이 성별을 지정하면 당사자들은 다 그 성별을 인정할 수 있는가?

성별 결정의 주체가
당사자임을 인정하는 표현들

트랜스젠더는 수술 여부와 관련 없이 태어남과 동시에 자신이 지정받은 성별을 받아들이지 못하겠다는 사람들이다. 당사자들은 자신이 여성 또는 남성이라고 생각하는데 국가나 사회가 이걸 인정하지 않거나 틀렸다고 생각하게끔 하는 것은 민주적이지 않다.

한번은《미디어오늘》독자권익위원회에서 기사 본문에 언급된 '생물학적 여성'이란 표현을 지적했다. 그 표현이 논쟁적 단어인 만큼 '지정성별 여성'이란 말을 쓰자는 것이었다. '생물학적 여성'이란 표현이 익숙하긴 하지만 따지고 보면 '생물학적으로 여성'이라는 건 엄밀하게 정의하기 어렵다. 본인의 의사와 관계없이 태어나자마자 출생신고를 위해 지정된 성별이라는 뜻의 '지정성별 여성'이 더 객관적인 표현이다.

위에서 언급한 두 트랜스젠더 여성의 경우 태국에서 '성전환 수술'을 받았다. 이 용어에 대해서도 한번 생각해보면 이들에게 '남성'은 태어나자마자 사회와 국가가 지정한 성별일 뿐 자신이 결정하거나 선호하는 성별이 아니다. 성정체성에 대해 고민하는 시간이 있었을 것이고 이후 자신의 성별을 자신이 확정해야겠다는 판단으로 해외에 가서 수술을 받았다. 따라서 이미 결정된 성을 바꾼다는 설명보다는 일단 지정받은 성별을 유보적인 개념으로 남겨두고 훗날 당사자가 최종 성별을 결정한다는 뜻의 '성확정 수술'이 이 수술의 취지를 잘 드러낸다고 할 수 있다. '성확정 수술'은 '성전환 수술'보다 당사자 본인을 성별 결정의 주체로 인정하는 용어다.

대학이나 군대만 성소수자를 차별하는 건 아니다. 국어사전의 뜻풀이를 두고도 성소수자 차별을 유지하려는 시도가 있었다. 국립국어원의 《표준국어대사전》에서 '사랑'의 뜻풀이는 1999년 초판본에서 "이성의 상대에게 끌려 열렬히 좋아하는 마음이나 마음의 상태"였다.

2012년 경희대학교 학생들이 사랑에 대한 풀이가 이성애에 한정돼 성소수자의 권리가 무시된다고 주장하자 국립국어원은 사랑, 연애, 애정, 연인, 애인 등 다섯 단어의 뜻풀이를 다음과 같이 수정했다.

사랑 어떤 상대의 매력에 끌려 열렬히 그리워하거나 좋아하는 마음.

연애 연인 관계인 두 사람이 서로 그리워하고 사랑함.

애정 애인을 간절히 그리워하는 마음.

연인 서로 열렬히 사랑하는 관계에 있는 두 사람. 또는 몹시 그리며 사랑하는 사람.

애인 서로 열렬히 사랑하는 사람.

그런데 기독교계 등 일각에서 이를 문제 삼자 2014년

1월 '사랑', '애정', '연애' 등 세 가지 단어에 대해 행위 주체를 '남녀'로 되돌려놨다. 다시 '사랑'은 "남녀 간에 그리워하거나 좋아하는 마음이나 그런 일"이 됐다. 정부 기관이 대놓고 사랑조차 이성애로 한정한 셈이다.

성소수자 얘기가 나온 김에 덧붙이면, 아직도 '동성연애'라는 말을 심심치 않게 볼 수 있다. '동성애'는 성적 지향이고 정체성이다. 성소수자는 연애하는 존재로서의 자아만 있지 않다. 연애를 하지 않을 때에도 동성애의 젠더 정체성은 그대로다. 특히 성소수자들의 특정 성관계 행위를 악용하고 과장해서 동성애 관련 혐오 발언을 하는 경우가 많기 때문에 동성애를 동성 '연애'로 왜곡하거나 축소하면 안 된다.

3

존재를 지우고 혐오하는 말들

중립은 없다

2022년 2월 24일, 러시아군이 우크라이나를 침공했다. 러시아는 이미 1월부터 벨라루스와 우크라이나의 영토였다가 2014년 러시아로 병합된 '크림반도' 등 우크라이나 코앞에 대규모 병력을 배치했고, 미국은 사전에 러시아 침공 가능성을 전 세계에 알렸다. 러시아는 우크라이나의 수도 '키예프', 제2도시인 '하르코프' 등 주요 도시에 미사일 공격을 감행했고, 육군이 국경을 넘어 우크라이나 동부 '체르니고프', '루간시크' 등 우크라이나 곳곳에 침투했다.

전쟁 나흘 만인 2월 28일, KBS 사내 게시판에는 "우크라이나 수도 표기와 발음을 '키이우'로 할 것을 제안합니다."라는 글이 올라왔다. KBS 아나운서실 한국어 연구부는 우크라이나 지명 표기에 대해 국제기구나 국립국어원의 외래어표기법에서 러시아식 표기법을 따르는 '키예프'가 아니라 해당 국가인 우크라이나의 발음에 가깝게 '키이우'로 표기해야 한다고 주장했다.

다음 날인 3월 1일 주한 우크라이나 대사관은 공식 SNS로 "우크라이나 여러 지역의 지명이 침략국인 러시아의 발음으로 한국에서 표기된다는 사실은 우크라이나인들에게 커다란 상처와 아픔"이라며 '옳은 표현'(우크라이나식 표현)과 '틀린 표현'(러시아식 표현)을 각각 게시했다. '크림반도'는 '크름반도'로, '키예프'는 '키이우'로 불러달라고 했다. 그 외에도 '체르니고프', '하르코프', '루간시크' 등 러시아식 표기를 각각 '체르느히우', '하르키우', '루한시크' 등 우크라이나식 표기로 써달라고 요청했다. KBS를 포함해 다수 언론사가 우크라이나 대사관의 요청을 받아들였고, 일부 언론사는 독자들의 이해를 돕기 위해 러시아식 표기도 병기했다.

러시아의 우크라이나 침공이 있기 전까지만 해도 국제면에만 머물렀던 러시아와 우크라이나 관련 기사는 줄곧 러시아식 발음으로 우크라이나 지명을 표기해왔고, 언론이나 독자나 별 문제의식이 없었다. 러시아와 우크라이나가 갈등하는 이유도 잘 몰랐고 관심도 없었다. '3차 세계 대전', '신냉전'이라는 수식어가 붙으며 실제 러시아가 전쟁을 개시하자 관심이 쏠렸고, 러시아의 전쟁이 부당 하다고 생각하는 경우에도 우크라이나 지명을 러시아식 으로 썼다. 몰랐으니까.

우리가 인지하지 못한 사이에도 어떤 사건을 누구의 관점에서 볼 것인지 가치판단을 요구받는다. 비판적으로 되짚어보지 않았을 때 자신 모르게 강자의 언어를 사용 하는 사례는 많다. 이집트의 피라미드를 바라볼 때 세계 7대 불가사의로서 고대 문명의 위대함을 칭송할 것인가, 수많은 노예를 동원해 이런 무시무시한 노동을 시킨 권력 의 잔혹함에 혀를 내두를 것인가? 대영박물관이나 루브르 박물관을 둘러보고 영국과 프랑스를 선진국이라며 칭송 하는 사람들이 있는 반면 약탈을 일삼던 제국의 흔적이라 며 불쾌해하는 사람들이 있다. 중립은 없다.

누군가는 자신이 당장 약자가 아니라서 괜찮으며 별 로 관여하고 싶지 않다고 생각할지 모르지만 언어가 변하 듯 사회도 변하고 우리도 변한다. 100년 전 일제 강점기 의 조선인은 국권 없는 2등 국민이거나 타지를 떠도는 난 민이었으며 그 후엔 제국주의와 이념 대립의 희생양이었다. 몇 해 전만 하더라도 길거리에서 마스크를 쓴 사람을 보기 어려웠지만 코로나19 이후로 많은 사람의 일상과 경제적·사회적 상황에 변화가 생겼다.

개인의 노력과 무관하게 한 사람의 사회적 위치가 변화할 가능성이 있고, 현재 소수자 정체성을 느끼지 않는 성인도 과거엔 사회적 발언권조차 제대로 없었던 아동·청소년기를 지나왔다. 또한 우리 모두는 나이를 먹어가면서 오늘날 사회적 혐오 대상 중 하나가 된 노인이 되는 중이다. 물론 노인 혐오는 옳지 않고, 모두가 오래 살면 노인이 된다는 점에서 자기 배반 행위다. 지금은 자국에 살더라도 비행기 한 번 타면 이방인이 될 수 있고, 연인이나 친구 등 가까운 지인이 소수자의 위치에 놓일 수 있다.

잘 모르는 사람에 대한 편견과 혐오는 더 심해지고 있다. 외국인, 특히 한국보다 경제력이 약한 곳에서 온 사람들, 서울 강남이 아닌 곳에 살거나 수도권이 아닌 지역 출신, 나보다 가난한 사람들, 어린이나 동물 등의 권리는 누구에게나 동등하지 않다.

사회 현실이 이러하니 시공간을 초월한 '중립', '불변' 같은 사전적 정의를 지닌 언어도 존재하기 어렵다. 정기적인 한·미 연합훈련이 북한의 관점에선 전쟁 예비 연습

이고, 북한의 미사일 훈련을 한·미가 보기엔 도발이거나
국내 정치 개입이다.

'표현의 자유'는
약자들의 필수 권리

언어에는 권력 관계와 가치 판단이 녹아 있다. 민주주의
발전이 사회적 소수자와 약자가 힘을 얻는 과정이라면,
언어도 인류 보편 가치에 근접해가며 약자의 관점을 반영
하는 방향으로 변화해간다. 약자들이 공동체를 향해 당
당하게 발언하기 어렵거나 그들의 입장이 담긴 대체 언어
를 주장하지 못한다면 민주주의는 화려한 수식어에 지나
지 않는다. 따라서 표현의 자유는 강자들이 유리할 때만
선택하는 장식품이 아닌 약자들의 필수 권리다.

　차별·혐오 표현을 비판하면 당황스럽게도 "왜 말 몇
마디 가지고 형사처벌을 받아야 하느냐," "그런 주장이
오히려 표현의 자유를 침해한다."라는 반론이 나온다. 그
저 공론장에서, 그것도 정치인이나 언론인에게 몇몇 발
언에 대해 조심해달라고 했을 뿐인데 마치 자신에게 유죄

판결을 내릴지도 모른다는 위협을 느끼는 듯하다. 표현의 자유가 약자들의 권리여야 한다는 주장을 '차별을 없애는 가장 효과적인 방법은 형사처벌'이라고 해석할 근거는 없다. 사실 형사처벌은 그리 효과적인 수단이 아니다. 처벌 수위보다 낮게, 처벌 대상 용어를 피해서 남을 차별하고 멸시할 수 있는 방법은 많다. 법적 처벌이 두려워서가 아니라 소수자와 약자들의 관점을 더 많이 공유하고 그와 관련된 주제로 토론하며 고민한 흔적들을 기록해 나갈 때 조금이나마 사회적 약자와 소수자들의 숨통이 트이지 않을까.

1947년 3월 1일부터 1954년 9월 21일까지 8년 가까이 제주도에서 벌어졌던 무력 진압과 주민의 희생은 처음에 '제주 빨치산 봉기', '제주 4·3 사태' 등으로 불렸다. 아니, 그 사건은 제주에서 아예 금기어였다. 민주화 이후에도 주목받지 못하다 김대중 행정부 시절 제주 4·3 특별법이 만들어지면서 제주 주민들의 피해 사실을 말이라도 할 수 있게 됐다.

2003년에는 고 노무현 대통령이 국가 원수로서 최초로 민간인에 대한 국가의 폭력에 대해 사과했다. 당시 그가 사용한 표현은 '빨치산 봉기'나 '4·3 사태'가 아닌 '4·3 사건'이었다. 국가 폭력의 피해자나 유족이 '빨치산'으로 몰릴까 숨죽여야 했던 시간은 지나갔다. 2022년 4월 3일 희생자 추념식에는 여야 지도부가 모두 참석했고 미약하게나마 희생자 국가 보상금 지급 기준이 마련됐다. 늦었지만 4·3 희생자들도 다소 숨통이 트여 우리 공동체의 일원이 된 듯하다.

반反국가 정서에
약자 혐오가 더해지면

일제 강점기가 끝나가던 1940년대 2차 세계 대전 당시 일본 남성들은 대부분 전쟁터에 끌려갔고, 조선 남성들은 강제 동원으로 탄광, 비행장 등에서 노동 착취를 당하거나 일본에 유학을 갔다. 일본 땅에 남성은 주로 조선 남성이었기에 일본 여성들은 조선 남성과 결혼했다. 물론 그전부터도 일제는 식민지 조선을 일제에 동화시키려 일본인과 조선인의 결혼을 장려했다. 해방 후 한반도에서 조선인들은 일본인들에게 분노를 표출하기 시작했다. 조선 남성과 결혼한 일본 여성들이 난감해졌다.

조선 남성과의 결혼을 반대했던 가족에게 돌아가지 못하는 이들도 있었고, 결혼은 어찌어찌 승낙했더라도 이제 식민지가 아닌 조선 땅에 가는 것을 반대하는 가족도 있었다. 해방 이후 남편을 따라 조선에 간다는 건 일본에 사는 가족과 단절을 의미하는 경우가 많았다. 조선 남성이라는 이유만으로 남편과 생이별해 혼자 아이를 키우며 일본에 살자니 그것도 편치 않은 선택이었다. 자녀가 일본인이 아니라고 차별받을 것도 걱정이니 함께 한반도로 향했다.

이제 한반도는 식민지 조선이 아니었다. 언어도 문화도 새로 적응해야 했다. 남편의 가족들에게 며느리로서 차별받고, 밖에서는 일본인이라고 눈총을 받았다. 첩 문화가 있던 해방 직후 남편이 한국인 첩을 들이기도 했다. 결국 제 발로 집을 나오거나 사실상 쫓겨나는 경우도 많았다. 이런 수모를 견뎠더라도 한국전쟁 때 남편이 세상을 떠나 홀로 한국에 남게 된 경우도 있다. 한국말을 배울 기회조차 얻지 못한 채 밥벌이를 해야 했다. 양국의 국교가 단절되면서 조선 남성과 혼인 관계가 말소되거나 일본의 가족들이 신원을 보증해줘야만 일본행이 가능했다. 이들은 남편과 자식을 선택한 '죄'로 일본에 돌아가지 못한 채 한국 땅에 거주를 시작했다.

'일본인 처'라고 불린 그들은 해방 직후 반일 감정으로 인해 '쪽발이(쪽바리)'라는 무시무시한 비아냥을 들으며 공포에 떨어야 했다. 쪽발이는 대표적인 일본인 비하 표현이다. 위키백과를 보면 '쪽발이'는 앞부분이 둘로 갈라진 짐승의 발을 가리키는 '쪽발'에서 유래한 말로 일본인들이 엄지발가락과 나머지 발가락 부분이 나뉘어진 신발 '게다'를 신는 것을 비유한 말이다. '일본인 처'의 자녀들은 학교에서 '반쪽발이'라고 불렸다. 학교에서 '쪽발이'나 '반쪽발이'들에 대한 숱한 차별은 누구나 짐작할 수 있다. 삼일절이나 광복절이면 누가 공격하지 않을까 두려운 마음으로 숨죽여 지내야 했다.

악랄했던 식민지 역사와 각종 과거사 문제로 피해자들에게 상처를 주는 일본 정부의 태도로 반일 감정은 끊임없이 이어져왔다. 그러나 일본 제국주의의 탄압과 전쟁 범죄의 책임을 평범한 일본인 개인에게 지우는 것은 부당하다. 일본인 처들은 그저 사랑하는 남편을 택했던 시민들이지만 한국에도, 일본에도 속하지 못한 채 유령처럼 살아야 했다. 이들끼리 의지하며 살 수밖에 없었다. 한국에 거주하는 일본인 처들의 모임이 1964년 결성됐다. 모임 이름은 한국을 상징하는 꽃인 무궁화도, 일본을 상징하는 사쿠라(벚꽃)도 아닌 중국의 꽃 '부용'을 따서 부용회로 정했다. 한일 양국에 모두 속하지 못하는 경계인의 삶을 상징하는 명칭이다.

일제 강점기 때 조선인이 2등 국민으로 차별받았다고 해서 해방 이후 일본인을 '쪽발이'라고 부르며 조롱하고 비난하는 건 정당할까? 일본인이라는 이유로 모두가 일제의 공범자일 수 없다. 누군가는 일제의 만행에 분노하는 뜻에서 '쪽발이'라고 욕했을지 모르지만 '쪽발이'를 보고 듣는 부용회 회원들의 심정은 어떠했을지 상상하기 어렵다. 오히려 '일본인 처'들은 일제의 피해자였다. 일본인을 '쪽발이'라고 조롱해선 안 되는 이유다.

코로나19 확산과
중국인 혐오

중국인을 '짱깨', '짱꼴라'라고 비하하는 경우도 너무 많다. 특히 코로나19가 본격 확산한 2020년 1월 이후 온라인 공간에서 중국인에 대한 혐오와 언어폭력의 정도가 심해졌고, 코로나19와 관련이 없는 기사에도 혐오 댓글이 달렸다.[1] 코로나19 확산이 5개월 정도 지난 2021년 5월 《시사IN》과 한국리서치는 북한, 미국, 일본, 중국에 대한 감정 온도 추이를 조사했다.[2] 2018년 상반기만 해도 중국에 대한 호감도는 일본에 대한 호감도보다 높았지만 2021년 5월 조사에서 중국 호감도는 4개국 중 가장 낮았다. 중국에 대해 부정적인 인식을 가지는 데 가장 큰 영향을 미친 것은 황사·미세먼지 문제(89.4%)였고, 코로나19 발생(87.3%), 코로나19 대응(86.9%) 등이 뒤를 이었다.

중국은 오래전부터 동북공정으로 역사를 왜곡한다는 비판을 받아왔다. 2022년 베이징올림픽 개막 행사에서 한국의 전통문화를 중국의 소수민족 문화로 소개하며 '문화공정'이라는 비판을 받았고, 쇼트트랙 등의 경기에서 편파판정 시비까지 벌어지면서 국내에서도 '반중 정서'가 극에 달했다. 올림픽 경기를 지켜본 시청자라면 누구라도 분노할 만하지만 이를 이유로 관련 없는 중국인들에게 각종 비하 표현을 사용하며 분노하는 건 옳지 않다.

중국 체제를 보면 민주주의 국가들과 달리 불투명하고 불공정한 면들이 분명 존재하지만 중국인 개인, 특히 한국에 들어온 중국인 노동자나 관광객들의 탓이라고 연결할 순 없는 노릇이다. 어쩌면 그들도 비민주적인 중국 정부의 피해자인지도 모른다.

서양인을 '코쟁이', '양놈' 등으로 부르며 비난하는 것도 멈춰야 한다. 특히 '코쟁이' 등의 표현은 외모를 조롱하는 의미도 섞여 있다. 아울러 흑인들을 '흑형'이라고 부르거나 저임금으로 일하는 외국인 노동자들을 '외노'라고 부르는 경우가 있다. 모두 약자 혐오 표현이다.

단일민족, 순혈주의가
소외시키는 것들

병역법 시행령 부칙에 보면 "외관상 식별이 명백한 혼혈인의 병역 처분에 관한 경과 조치"라는 내용이 있다. "외관상 식별이 명백한 혼혈인"이라는 표현만 봐도 수많은 차별이 녹아 있을 것 같은 느낌이 든다. 이 부칙은 수형자 병역 처분에 관련한 규정인데, 문제는 아직도 '혼혈'이라는 단어를 쓴다는 사실이다. '혼혈混血'을 국어사전에서 찾아보면 이 단어가 왜 문제인지 알 수 있다. 뜻은 "서로 다른 종족과의 혼인에 의해 양쪽의 혈통이 섞임", "서로 다른 종족과의 혼인에 의해서 태어난 사람"이다. 같은 종족(민족)은 같은 혈통이라는 전제가 깔려 있다. 반의어로 '순혈純血', 유의어로 '잡혈雜血'이 따라붙는다. '잡혈'은 그 어감도 상스럽다.

혼혈은 순혈과 대비되는 표현이다. 차별의 상당수가 구분할 필요가 없는 것을 억지로 구분하거나 합리적이지 않은 기준으로 이분법을 적용하면서 발생한다. 어디까지가 순혈이고 어디까지가 혼혈일까? 백인과 흑인이 결혼해서 아이를 낳으면 혼혈이라고 단정하지만 황인종 중에서 서로 다른 민족이 혼인해서 아이를 낳으면 순혈일까, 혼혈일까? 과연 그런 구분이 무슨 의미가 있을까?

1991년 출생자까지 적용하던 혼혈 사유 제2국민역 편입 제도는 1992년생부터 폐지됐다. 즉 과거엔 혼혈인의 경우 군대에 가지 않았다. 병역법 시행령에 아직도 남아 있는 '혼혈인'이란 표현은 혼혈인을 순혈인보다 열등한 존재로 표현한 흔적이다. 군대에 가지 못하는 혼혈인은 배제됐다는 느낌을 받는데 순혈인들로부터 "혼혈인들이 특혜를 받는다."는 비난까지 받는다.

당연한 이야기지만 성별, 국적, 인종 등 선택할 수 없는 고유의 정체성을 이유로 사람의 우열을 정하는 건 부당하다. 기준조차 불명확한 순혈과 혼혈을 구분하는 것 역시 그렇다. 혼혈이란 말에는 과거 미군과 이른바 '기지촌 여성' 사이에서 태어난 아이를 차별적으로 부르던 슬픈 역사도 깃들어 있다.

'단일민족'을 숭상해온
한국인의 다문화맹

한때는 혼혈을 '튀기'라 부르기도 했다. '튀기'는 옛 문헌에 나오는 '특이'의 변형이다. 18세기 문헌《청장관전서》에 "수말과 암소, 수소와 암말 사이에 태어난 것을 특이라 한다."라는 구절에서 '특'의 어원을 찾을 수 있다. 이 '특'에 접미사 '-이'가 결합돼 '특이'가 됐는데 이것이 20세기 초 '조선어 사전'에 '트기'로 표기됐다가 '튀기'가 됐다. 혼혈 동물을 가리키는 표현을 사람에게 사용한 것이다. 유엔 인종차별철폐위원회CERD는 이미 2007년 한국이 다민족적 성격을 인정하고 실제와 다른 '단일민족 국가'라는 이미지를 극복해야 한다고 지적했다.

"당사국(한국)이 민족 단일성을 강조하는 것은 그 영토 내에 사는 서로 다른 민족, 국가 그룹들 간의 이해와 관용, 우의 증진에 장애가 될 수 있다. '순수 혈통'이나 '혼혈' 같은 용어와 이 용어에 담긴 인종적 우월성의 관념이 한국 사회에 여전히 널리 퍼져 있다는 데 유의해야 한다."

'혼혈', '혼혈아'라는 말 대신 '다문화 2세', '다문화 가정 자녀' 등으로 순화하자는 주장이 나온다. 그런데 '혼혈'

이 '순혈'을 전제로 한 차별 표현이듯 '다문화' 또한 '단일문화(단문화)'를 전제로 하는 표현일 수 있다. 순혈의 범위가 어디까지인지 가늠할 수 없듯, 단일문화라는 것도 정의하기 어려운 문제다. 순혈이나 단일문화, 단일민족 등은 허상이다. '단일민족'은 1933년 일제 강점기 때 이광수가 쓴 논문 〈조선민족론〉에서 나오는데 조선인이 문화적으로 '단일한 민족'이라는 주장이다. 일제 강점기 때는 일본에 맞서 조선인을 하나로 묶는 역할을 했을지 모르지만 오늘날 단일민족, 단일문화는 타 민족과 문화를 배제하는 효과가 더 크다.

최유숙 중앙대 교수는 〈한국인의 다문화 인식을 묻다〉라는 논문에서 다음과 같이 말한다. "끊임없이 단일함에 대한 주입을 받아온 한국인에게 다문화 감수성을 기대하기란 얼마나 어려운 것인지는 충분히 알 수 있다. '우리는 한겨레다, 단군의 자손이다.'라는 동요의 한 구절은 한국인이라면 모를 이가 없을 것이다. 한국에서 둘째가라면 서러워할 진보지의 이름이 '한겨레'라는 사실은 또 얼마나 놀라운 일인가. 이처럼 끊임없이 단일함을 숭앙해온 한국인이 다문화맹이 된 것은 당연한 귀결일지도 모르겠다. 이에 대해 저자는 한국인을 다문화맹으로 만드는 가장 큰 요인을 이 단일민족 신화로 보고 그것이 얼마나 허구적인지를 역사적 사실과 국내외의 사실들로써 보여주고 있다."[3]

'다문화 가정'은 한국 사회가 이미 다문화 사회인데 이 사실을 망각한 채 단일문화 사회라는 전제에서 나온 말이기도 하다. 프랑스계 한국인, 필리핀계 한국인 등 객관적인 표현으로 대체할 수 있다. 한국 여성과 남성이 결혼해 자녀를 낳아 살아가는 모습을 '정상가족'으로 상정한 뒤 이와 다른 모습의 가정을 다문화라고 부르는 건 아닌지 생각해봐야 한다. '다문화'란 말을 들으면 이주민의 열악한 삶이 떠오르는 것도 사실이다.

'다문화' 대신 쓸 수 있는 표현으로 '상호문화'가 있다. 2020년 교육부는 〈다문화교육 지원 계획〉이란 공문에서 처음으로 "상호문화교육"이란 표현을 썼다. '다문화'가 현재 한국의 문화를 '단일문화'로 상정한 뒤 타국의 문화를 정의한 개념이라면, '상호문화'는 서로 다른 상대방의 문화를 어떻게 받아들일지에 대한 논의를 포함한 개념이다. '다문화'라는 말이 '이주 아동'을 비하하는 언어로 전락한 가운데 상호문화라는 말과 그 취지가 널리 알려질 필요가 있다.

차별 없이 다양성을 인정하자는 상호문화주의에서는 '다문화 가정' 대신 '이주배경 가정'이란 표현을 사용한다. 이주민 자녀나 탈북 청소년 관련 글들을 보면 제법 '이주배경 청소년'이란 말이 나오지만 아직 널리 알려진 단어는 아니다.

용어 사용이
철학의 차이를 반영한다

누군가가 무단횡단을 했다고 그를 일상에서 '불법 보행
자'라고 부르진 않는다. 만약 무단횡단을 했던 사람이라
며 경찰이 그를 수시로 감시하면 어떨까? 물론 무단횡단
은 보행 당사자와 주변 차들에 위험을 끼치는 일이고, 도
로교통법에서 정한 도로횡단 시설을 이용하지 않는 위법
행위다. 그렇지만 그를 '불법 보행자'로 부르며 모든 행
동을 의심하며 지켜본다면 엄청난 스트레스에 시달릴 것
이다. 어떤 행위를 불법이라고 보는 것과 그 행위를 한 사
람에게 불법 행위자라는 낙인을 찍는 건 다른 문제다. '죄
는 미워하되 사람은 미워하지 말라'는 말이 생각난다.

　2013년 AP통신은 "'불법 체류자'는 이제 그만 'Illegal im-
migrant' no more"이라고 공지했다. 기사 표기 방식을 정리

한 스타일북을 개정하며 더 이상 '불법illegal'을 사람에게 쓰지 않고 행위를 기술할 때에만 쓰겠다고 밝혔다. 《뉴욕타임스》와 CNN 등의 매체들도 이민자들을 가리킬 때 '미등록'이나 '서류미비undocumented'라고 쓰고 '불법'이나 'Alien'(외국인을 배제적으로 일컫는 표현)을 사용하지 않기로 했다. 국제기구들도 같은 의견이다. 유엔 국제이주기구IMO는 용어 사전에 "적절한 서류 없이 입국하거나 체류하는 비국민"을 "미등록 이민자"로 규정했다. 그러면서 "범죄와의 연관성으로 이주자의 인간성을 부정하는 '불법'이란 표현보다 선호되는 용어"라고 설명했다.

그러나 트럼프 행정부가 들어서고 2018년 미국 연방 법무부는 '서류미비자' 대신 '불법 외국인Illegal Aliens'을 공식 용어로 사용하겠다고 밝혔다. 이주민, 난민 혐오 정서를 노골적으로 드러내던 트럼프 행정부의 모습을 떠올려보면 용어 사용이 철학의 차이를 반영한다는 사실을 다시 한번 확인할 수 있다.

《있지만 없는 아이들》(은유, 2021)에는 1999년 한국에서 태어난 페버라는 아이와의 인터뷰가 실려 있다. 그는 한국에 머물던 나이지리아 부모 사이에서 태어나 9년간 한국에 살았다. 그러나 2008년 페버의 아버지가 나이지리아에 갔다가 돌아오지 못하면서 가족의 체류 자격이 상실됐다. 페버는 말한다. "저는 어제도 오늘도 똑같이 학교에 갔을 뿐이거든요. 그 사이 아빠가 본국으로 떠나니까 다음 날 갑자기 '불법 체류자'가 된 거예요. 잘못한 게 없고 하루아침에 외부 상황이 변했을 뿐인데 아이가 죄인이 돼요. 저도 '난 죄인이구나' 생각했어요. 주변에서 '너는 불법 체류자니까 잘못한 거야, 범죄자야'라고 이야기해서 힘들었어요. 존재 자체가 불법이다…."

사람을 '미등록'인 채로
두지 말아야 하는 이유

한국에서만 살아서 한국말을 하고 한국 음식을 먹고 스스로 한국 사람이라고 생각하지만 한국 사람들은 그에게 '불법'이라고 한다. 이민자나 이민자 2~3세를 다룬 기사에 "너네 나라로 가라."는 댓글이 달리는 것은 다반사다. 페버는 반문한다. "왜 한국에서 계속 살고 싶으냐고 묻는 사람이 있어요. 저는 이 질문을 한 사람에게 그대로 되돌려주고 싶어요. 그럼 왜 당신은 한국에 살고 계시나요?

똑같아요. 저는 이곳에서 태어나 자랐어요. 그러니까 여기에 사는 거죠."

위 책의 저자는 '불법 체류자' 대신 '서류미비 노동자', '초과 체류자'라는 뜻의 '미등록 이주노동자'라고 부르자고 주장한다. '불법 체류자'라는 말은 그 사람 자체가 불법이니 범죄를 저지를 수 있다고 의심하는 시선을 포함한다. 국내에는 수년간 혹은 10년 이상 미등록 상태로 계속 머무는 '미등록 이주노동자', '미등록 이주아동'이 많다. 미등록 노동자 다수가 불안정, 저임금으로 인해 한국 경제에 기여하면서도 희생당하고 있다. 한국에선 전혀 필요로 하지 않는데 그들이 불법으로 들어와서 민폐만 끼치는 걸까? 한국 사회가 이들을 필요로 하기 때문에 미등록 상태임에도 오랜 기간 다수가 존재하는 게 진실이다.

'미등록'이라는 용어에는 언젠간 등록을 해야 한다는 뜻이 담겨 있다. 미등록 상태로 됐을 때 당사자들도 힘들지만 공동체 입장에서도 좋을 게 없다. 2021년 국가인권위원회는 이주노동자에게만 코로나19 진단검사를 강요한 일부 지방자치단체의 행정명령이 외국인 차별이라고 판단했다. 코로나19 바이러스가 외국인, 이주노동자에게만 감염되는 것도 아니지 않나. 인권위는 "외국인을 '코로나19 진단검사가 필요한 감염병 의심자'로 낙인찍어 혐오와 차별을 확산하고 공동체 전체의 안전을 위협할 우려가 있다."라고 지적했다. 통계나 사회적 그물망에 걸리지 않는 '미등록' 상태로 둘 게 아니라 의료권 등 다양한 권리를 보장하도록 '등록'하면 된다.

부모의 체류 상태에 따라 한국에서 평생, 혹은 인생의 대부분을 산 아이들까지 '불법 체류자'로 낙인찍을 이유가 없다. '불법 체류'가 아닌 '미등록'으로 용어를 변경하는 것은 물론 이들에 대한 사회적 시선 전환과 제도 개선 역시 시급하다.

'병영국가' 대한민국은 아직도?

노르웨이 오슬로 국립대학에서 한국학을 연구하는 박노
자 교수는 대한민국을 가리켜 '병영국가'라고 했다. 군대
를 다녀온 남성을 표준으로 삼고 군대를 다녀와야 온전한
인간으로 대접하면서 직장이든 학교든 '군기'를 잡아대
는 한국이 이상해 보일 법도 하다.

여성학자 권인숙은 《대한민국은 군대다》에서 군대를
다녀오지 않은 여성의 눈으로 볼 때 한국은 그 자체로 군
대처럼 움직인다고 말한다. 심지어 아이들이 말을 듣지
않으면 해병대 캠프에 보내서 풀을 한껏 죽인 뒤에야 철
이 들었다고 좋아하고, 연예인들이 군사 훈련을 받으며
고통스러워하는 장면을 예능이라며 즐기기도 한다.

군대식 수직 질서, 토 달지 않고 윗사람에게 복종하는

문화는 교회에서도 비슷하게 발견된다. 전도를 통해 성도 수를 늘리고, 더 많은 헌금을 모으기 위해 신앙심을 고취한다는 목적으로 벌이는 특별 행사마다 '총동원 전도 주일', '새벽기도 총진군' 등 군사 용어가 난무한다. 성도들은 주의 '종'이자 주님의 '전사'들이다. 교인이 아니면 마귀로 규정하고, 이들을 전도하기 위해 목숨도 불사르자는 내용의 설교는 기독교에서 흔하다. 교회엔 여성 신도가 더 많지만 하나님은 남성 지배자다. '전능하신 우리 왕 아버지 하나님'은 다정하거나 자비롭거나 여성의 이미지일 수 없다.

교회 내 조직도 역시 계급과 지역별로 묶어 만든 군부대나 예비군 조직도와 비슷하다. 조직과 문화 전반이 군대와 닮았으니 적과 동지의 이분법이 지배하고 타협보다는 대적하는 데 익숙해 보인다. '군기' 잡는 문화가 학교와 회사에도 남아 있긴 하지만 교회야말로 드러나지 않은 군사 문화 확산의 근거지다. 심판과 응징의 신이 아닌 '사랑과 자비의 하나님'을 받아들이고 시대착오적인 군사 용어를 지우길 바라는 것이 성급한 바람일까.

말 속에 살아 있는
군사 독재의 망령

스포츠 분야에도 군사 용어가 다수 남아 있다. 월드컵에 나간 축구 대표팀은 왜 태극 '전사'일까. 올림픽 등의 스포츠 행사 중계나 관련 기사를 보면 국가대표를 타 국가와 맞서 싸워 이긴 '전사', '여전사', '영웅'으로 그려낸다. 여성 선수들에게 붙이는 '여제'란 단어는 성차별이란 지적을 떠나 전쟁에서 이긴 황제라는 의미를 담고 있다. 그들에게 과한 군사 용어를 들이댈수록 부담은 더욱 커진다. 아무리 현대 스포츠가 국가별 대리전 성격이 있다 하더라도 이건 전쟁이 아니다. 그저 선수들이 열심히 해서 대표로 뽑혔고, 그들의 영광을 위해 노력할 뿐이다.

축구, 배구, 농구 등 국내 프로 리그에는 외국인 선수들이 뛰고 있다. 공식 용어는 '외국인 선수'이지만 일부 언론이나 해설에선 '용병'이라 부른다. 용병은 군대에서 월급을 주고 고용한 병사를 말하는 군사 용어다.

프로 스포츠에서 '용병'은 기량이 뛰어난 '효자 용병', 오랜 기간 띈 '장수 용병'이란 파생어로 이어진다. 또한 '용병'은 팀에 대한 소속감보다는 연봉에 따라 쉽게 팀을 옮

겨갈 수 있다는 뉘앙스도 담겨 있다. 이는 외국인에 한정한 이야기는 아니다. 국내 선수들도 연봉은 팀을 선택하는 중요한 이유다. 용병이란 말 속에 의도하지 않았던 외국인 차별이 있을지 모른다.

군사 독재 시절이 막을 내린 지 수십 년이 지났고 독재자들도 세상을 떠났다. 우리는 언제쯤 군대식 사고방식과 표현을 폐기할 수 있을까?

지방-, 지잡대, 지역 차별 표현들

각자의 자리를 지우고
낮잡아 부르는 말들

코로나로 해외여행이 어려워지자 국내여행에 대한 관심이 커졌다. 유명한 여행지인 전라남도 여수나 경상남도 통영 말고도 전남 목포, 경남 남해 등 막연하게 '언젠간 가봐야지' 생각했던 지역을 가보게 됐다. 동해안이 푸른 바다가 드넓게 펼쳐져서 시원했다면 남해안은 파란 바다와 함께 멀리 보이는 섬들 덕분에 해안선이 다채로운 매력이 있었다.

그러다 문득 육지 사람들이 남해라고 부르는 여수나 통영 앞바다를 제주도에서는 뭐라고 부를지 궁금해졌다. 제주도에서 보면 '북해'가 아닌가. 제주도에 거주하는 한 제주 지역신문 편집국장에게 물었더니 "그냥 남해안이라 부릅니다."라고 답이 왔다. 육지에서 그냥 남해라고

정했으니 제주에서도 남해라고 부르는 꼴이다. 단연 서울 중심의 표현이다.

　대한민국의 지역은 서울과 지방, 아니면 수도권과 비수도권으로 나뉜다. 후자는 전자를 지향한다. 현재 비수도권에서는 수도권을 따라잡으려는 움직임이 벌어지고 있다. 서울·경기·인천에 인구 절반이 살며 대부분의 자원을 빨아들이는 가운데 제2도시인 부산은 울산·경남과 함께 통합 논의를 진행해왔고, 2022년 4월 전국 최초 특별지방자치단체인 '부산·울산·경남 특별연합' 규약을 행정안전부에서 승인받았다. 수도권과 맞먹을 메가시티를 만들겠다는 발상이다.

　대구시와 경상북도의 행정 통합을 비롯해 광주·전남, 충청권도 메가시티를 추진하고 있다. 광역시가 없는 전라북도에서는 전주와 완주의 통합 논의가 있다. 그 외에도 수많은 시군에서도 행정 통합을 추진하고 있다. 더불어 선거철이 되면 광역 철도나 신공항 추진 공약이 쏟아진다. 대도시에서 거리가 가깝다는 점을 강조할수록 부동산 시장이 들썩인다.

　아무리 지방분권을 말하고 수도권과 비수도권의 격차를 지적하더라도 수도권과 비수도권의 우열은 사라지지 않는다. 수도권과 비수도권은 수평적 구분이 아니라 수도권을 기준으로 그 외의 지역을 비수도권이라고 묶는 수직적 구조다. 제주특별자치도만 해도 제주특별자치도청과 제주공항 등이 있어 중심지로 불리는 제주시와, 시장조차 주민들이 뽑지 못하는 서귀포시는 서로 동등하다고 보기 어렵다(서귀포시장은 제주도지사가 임명한다).

산에서 돌을 채취하는 석산업체 탓에 돌가루가 날려 30여 년간 빨래도 내다 널지 못하고 암 발병 주민들이 늘어나는 전북 완주가, 해수욕장이 전국에서 가장 많은 충남 태안과 '비수도권'이란 단어로 한데 묶일 근거는 찾기 어렵다. 지역 고유의 정체성이 사라지고, 수도권이 아니라서 열악하다는 평가만 남는다. 수도권과 비수도권이라는 말을 조심해서 써야 하는 이유다. 주로 서울에 있는 대학을 '명문대'로 부르고 나머지는 '지방대'를 넘어 '지잡대'라고 폄하하는 것 역시 마찬가지다.

서울과 '지방'의 구분은 한술 더 뜬다. '서울 사람들'은 서울 외의 사람들을 '지방 사람'이라고 통친다. '서울에서 이혼하면 부천 가고 망하면 인천 간다.'라는 뜻이라며 '이부망천'이란 말을 쓴 한 정치인의 망언처럼 서울 중심의 사고방식은 경기도와 인천마저 폄하한다. 또한 흔히 쓰는 말 중에 "지방 방송 꺼라."는 주변의 불필요한 소음을 줄이고 주목하라는 뜻으로 사용된다.

'지방'에는 열등의 의미가 담겨 있다. 정병기 영남대 정치외교학과 교수는 한 칼럼에서 "중앙과 지방이라는 말은 전국과 지역이라는 말로 대체돼야 한다. '지역' 개념은 '전국'을 일정한 특성에 따라 나눈 지리적 공간을 의미하며 수도까지 포괄하므로 전국과 지역이라는 개념을 사용할 때 수도는 전국 정부가 위치한 도시일 뿐, 그 역시 지역의 하나로 이해된다."[4]라고 주장했다.

서울과 중앙이 사실상 같은 뜻인 걸 고려하면, 서울과 지방의 구분이 아닌 '전국'과 '지역'으로 바꿀 근거는 충분하다. 정 교수는 "지역자치가 발전한 나라에선 변두리를 의미하는 지방 개념을 사용하지 않는다."라며 '지방자치의 날'을 '지역자치의 날'로 바꾸자고 제안했다. 중앙에 종속된 개념인 '지방'은 '자치'와 어울리지 않는다는 점에서 정 교수 제안은 타당하다.

평소 지역신문 관계자들을 취재하면서, 그들이 '지방'이라는 말을 쓰지 않는다는 사실을 깨달았다. "'지방'이라는 말을 좋아하지 않는다."라는 말도 숱하게 들었다. '지방'에는 서울이나 수도권에 도달하지 못했다는 의미가 포함돼 있어서다. 현재 '지방분권' 정책은 각 지역의 주민들이 지역 현안을 결정하고 시군 단위 행정에 직접 목소리를 내는 풀뿌리 민주주의의 주체가 되는 방향이 아니다. 수도권에 견줄 메가시티를 만들거나 수도권과 접근성을 높이는 방식을 목표로 하고 있다.

뉴스에 나오는 국회나 청와대 관련 소식에 관심을 두는 것만이 민주주의가 아니다. 내가 사는 동네의 놀이터가 왜 사라지는지 살펴보고 시군 단위의 예산을 감시하는 것도 민주주의다. 내 생활 반경, 내가 직접 의견을 내고 참여할 수 있는 범위에서도 민주주의가 가능한 제도가 지방분권, 아니 '지역분권'이다.

'중앙' 대 '지방' 구도 속에서 지워져버린 '지역'

'지방'이라는 말 대신 '지역'을 사용해야 할 이유는 더 있다. 보통 '지역신문'이라고 하면 광역자치단체를 범위로 하는 시도 단위 일간지를 떠올린다. 그러나 실제로 이들 일간지는 서울과 지방, 수도권과 비수도권 같은 지역 위계를 전제로 한다. 같은 도 내에서도 취재가 이뤄지지 않는 사각지대가 발생하기 때문에 진정한 지역분권에 어울린다고 보기에 아쉽고 부족한 점이 많다. 기초자치단체 범위를 취재하는 작지만 건강한 지역언론은 지역자치, 풀뿌리 민주주의의 필수 요건이다. 이런 지역신문은 시군 단위의 재정을 감시하는 수준에 머물지 않는다. 지역의 각종 경조사, 지역 주민들의 의견과 일상을 지면에 담고 지역신문사 자체가 주민들의 사랑방 역할을 한다.

기초 지자체 단위의 지역신문 중 가장 모범적인 사례는 충북 옥천군에 있는 《옥천신문》이다. 다른 언론사의 기사 대부분은 포털 사이트나 언론사 홈페이지에서 무료로 볼 수 있지만, 《옥천신문》의 기사는 온라인에서 무료로 볼 수 없다. 신문을 구독하는 주민들, 즉 유료 회원에게만 공개한다. 인구 5만 명의 작은 곳이지만 3000부 넘는 신문을 주민들이 구독한다. "신문을 누가 훔쳐갔으니 다시 보내달라."는 전화를 받을 만큼 옥천에서 《옥천신문》은 필수다. 옥천군 행정 감시는 물론, 옆집의 고추농사가 잘됐다거나 우리 동네 학교 학생회장이 누가 됐는지도 다룬다. 청소년 기자단이나 옥천FM 공동체 라디오 등 누구나 소통의 주체로 참여할 수 있는 매체도 넓혀가고 있다. 주민 참여와 옥천 내 권력 감시 기능이 일상적으로 이뤄진다는 증거다. 옥천을 그저 '지방'이라고 치부해도 될까? 옥천 주민들은 《옥천신문》을 중심으로 옥천만의 정체성을 만드는 과정에 있다.

옥천과 같이 성공한 지역신문을 만드는 건 어려운 일이다. 서울에서는 더 어렵다. 서울 은평구에는 《은평시민신문》이란 지역신문이 있다. 《은평시민신문》의 존재를 처음 접한 이들은 서울에도 지역신문이 있다는 사실이 생소할 수 있다. 《은평시민신문》을 취재하면서 많이 들었던 말 중 하나는 "서울에는 '지역'이란 개념이 없어서 그래요."였다. 은평구만의 문제를 고민하는 시민단체, 언론이 존재하고 이들을 후원하거나 참여하는 주민들이 부족한 이유다. 구청장의 비위 행위, 구청의 예산 낭비를 작고 사소한 문제로 해석한다.

시민단체나 정당이라고 하면 항상 전국을 단위로 하는 시민단체나 정당을 떠올린다. 우리가 서울과 지방이라는 말에 길들었기 때문에 '지역'도 '지방'과 비슷한 말 정도로 받아들인다. 지역이란 말을 서울이 아닌 시골이나 외진 곳쯤으로 이해하는 것이다. 반대로 서울 내부에 '지역'이 있다는 생각도 하지 못한다. 서울 내에서도 영등포구나 서초구 혹은 당산동이나 서초동처럼 '중앙'이 아닌 '지역'이 있다. 서울 여의도 국회에서만 이해관계의 조정과 논쟁이 있는 게 아니라 영등포구 여의도동 주민이 겪는 그 동네(지역)만의 문제도 있다는 말이다.

특정 지역을 차별하는 표현도 근본적으로는 서울과 대비되는 지방을 폄하하는 관점에서 시작했다고 볼 수 있다. 지역 차별 표현이 대부분 '비수도권'인 것도 무관치 않다. '멍청도'(충청도 비하표현), '홍어라도·전라디언·까보전·알보칠'(전라도 비하표현), '개쌍도·통구이·야채'(경상도 비하표현) 등은 특정 지역을 비하하는 표현이면서 일부는 반인륜적인 뜻을 담은 단어다.

모든 사람이 존중받아야 하듯, 모든 지역도 그래야 한다. 서울은 올라가고(상경), 고향은 내려간다(낙향)는 말은 왕이 있는 서울을 높은 곳처럼 표현하는 신분사회에서나 어울릴 법한 표현이다. '촌스럽다', '시골만도 못하다', '촌구석' 등도 지역 간 위계에서 파생된 차별 표현이다.

비슷한 예로 서울을 '강남'과 '비강남'으로 구분하는 것을 생각해보자. 강남을 중심으로 나머지 지역을 차별하는 것이다. 강남구 압구정동, 강북구 우이동 등 구체적 지명을 쓰는 게 좋지 않을까? 2020년 총선 동작을 지역구에 출마한 나경원 전 의원이 동작구를 '강남4구'로 만들겠다는 공약을 내걸었다. 동작은 강남권(강남·서초·송파)에 입성하지 못한 1.5등 시민 정도 되는 걸까? 구로구나 관악구 등은 한강의 남쪽이긴 하지만 강남처럼 집값이 비싸지 않으니 강남권이 아니다. '강남'이라는 말이 원래 지리적으로 한강 이남을 가리키는 말이고, 그 반대말이 '강북'이니 영등포·관악 등은 강남권이 아니면서 강북도 아닌 셈이다. 부정확하면서 동시에 차별이다. 강남권이 아니지만 한강 남쪽에 있는 주민들의 관점이 배제된 용어다. 이러한 구분이 특정 개인에 대한 공격처럼 보이지 않는다고 해서 차별 표현이 아니라고 할 수는 없다.

그렇게 살아간다는 이유로
'거지' 취급받는 사람들

오래전부터 '청소년靑少年'이라는 말이 달갑지 않았다. '청년靑年'도 마찬가지다. 그 나이대가 푸르다[靑]는 건지, 푸르러야 한다는 건지, 다른 나이대는 푸르지 않다는 건지, 대체 어떤 부분이 푸르다는 건지 와닿지 않았기 때문이다.

여성가족부와 통계청이 발표한 〈2021 청소년 통계〉를 보면 2011년 이후 9년째 청소년(9~24세) 사망 원인 1위가 자살(고의적 자해)이었다.[5] 구구절절 설명하지 않아도 오늘날 한국의 청년 세대가 행복하지 않다는 건 쉽게 이해할 수 있다. 언론에 등장하는 일부 청년은 삶의 주체로서 무언가를 결정하고 어디서든 당당하게 자신의 의견을 말하지만, 이는 극히 예외적인 경우다. 대다수 청년들은 투명

인간 취급을 당하고 있고, 특히 가난한 청년들은 자신을 드러내지 못한 채 살아가고 있다. 자살이 꼭 경제적 가난을 원인으로 하진 않겠지만 어떤 식으로든 사회적으로 고립된 결과다. 경제적 가난은 물론 정서적 가난과도 무관하지 않다.

청소년들 사이에서 '개근거지'라는 말이 유행한다는 말을 처음 들었을 때 곧바로 이해하지 못했다. 검색해봤더니 "잘사는 집 아이들은 해외여행 등 다양한 체험학습을 하느라 학교 수업을 빠지기도 하는 데 비해 가난한 집 아이들은 학교에만 나간다."라는 설명이 나왔다. 내가 어렸을 때만 해도 가난한 집 아이들은 집에 예측할 수 없는 상황들이 터졌고, 종종 학교에 빠져야 했다. 또는 학교에 가지 않아도 집안 어른들에게 혼나지 않을 만한 절박한 사정이 있었기에 등교에 의무감을 가지지 않았다. 감당하기 무거운 짐을 떠안느라 학교에 갈 여유가 없던 아이들도 많았다. 그때는 '왜 개근상 같은 게 있는 걸까?'라는 생각을 많이 했다. 개근상은 가난한 집 아이들을 위한 상이 아니었기 때문이다.

그런데 세상이 달라졌다. 경제적 여유가 있는 집 아이들만 할 수 있는 스펙 쌓기를 위해 학교 수업을 빠져도 된다는 규정이 생긴 것이다. 변한 분위기에 한 번 놀랐고, 개근한 아이들을 '거지'라고 부를 수 있다는 잔인함에 한 번 더 놀랐다. 성실함의 상징이었던 개근상이 빈곤의 낙인이 된 것이다.

청소년들 사이에서는 '월거지', '전거지', '빌거', '휴거' 등의 말들도 유행했다. 월세 살거나, 전세 살거나, 빌라에 살거나, 한국토지주택공사LH에서 지은 임대 아파트인 휴먼시아(현 안단테)에 살면 거지 취급을 받았다. LH(엘에이치)에서 제공한 아파트에 사는 아이들을 '엘사'라고도 부른다고 한다. 부모가 아파트를 소유해 살지 않으면 자녀들이 거지 취급을 받는다니, 진짜 거지처럼 남에게 밥을 빌어먹은 것도 아닌데 사는 곳을 이유로 거지 취급을 하다니, 이런 말을 입에 담는 사람이 있다는 사실이 믿어지지 않았다. 언론에서도 이러한 표현을 마치 누구나 알아야 한다는 듯 기사 제목에 넣으며 이른바 '거지 열풍'을 만들었다.

거지 열풍은 '벼락거지'라는 신조어도 만들어냈다. 부동산과 주식 가격이 폭등하자 집도 주식도 없던 사람들이 상대적으로 빈곤해졌음을 자조적으로 가리킨 말이다. 〈'벼락거지'라는 신조어까지… '내 집 마련' 수요자들 인천 영종 주목〉, 〈씁쓸한 부동산 신조어 '벼락거지'… 익산시에 '내 집 마련' 해답 있다〉 등 언론에서는 '벼락거지'라는 말을 이용해 광고성 기사, 투자 홍보 기사를 내보냈다. 지나친 투기 열풍의 위험을 지적하거나 노동의 가치가 바닥으로 떨어진 현실 진단에 집중하기보다 오히려 '나만 뒤처지고 있다'는 불안 심리를 확대 재생산한 것이다.

가난은 불량하지도
죄가 되지도 않는다

한국 사회에서 가난은 죄처럼 취급된다. 부모가 가난하면 자식까지 욕을 먹고, 가난한 이들이 모여 사는 동네는 '우범 지역'이라고 불린다. 그런데 권력형 비리를 저지른 정치인이나 경제사범들이 사는 부유한 동네를 '우범 지역'이라고 쓴 사례는 없다. 굳이 써야 한다면 '우범 지역' 대신 취약 계층들이 산다는 뜻에서 '취약 지역'이라고 부르는 게 낫다.

가난한 이들이 주로 가진 직업도 대체로 부정적인 뉘앙스를 담고 있다. '인부', '단순 노무', '잡역' 등의 표현

대신 객관적 표현인 '일일 노동자'를 써야 한다. '신용불량자' 역시 불량하다는 말 속에 범죄의 뉘앙스가 있다. 사람의 일상을 마비시키는 불법채권추심의 대상이 돼도 마땅하다는 정서를 '불량'하다는 단어가 돕는다. 채무는 한 개인의 책임이 아니라 경제 구조적인 문제이며 많은 채무자는 오히려 금융 관련 범죄의 피해자다. 게다가 '신용불량자'는 현행 법률상 존재하는 용어도 아니다. '신용불량자' 대신 법에서 정한 대로 '금융채무연체자', '금융채무불이행자' 등으로 바꿔 써야 한다. 더 나아가 사회경제적 채무 문제로 고통받는 사람을 '금융피해자'로 부르자는 의견도 참고할 만하다.

우리는 기계도 상품도 아니다

"우리는 기계가 아니다." 전태일이 분신하면서 했던 말을 끌어올 생각은 아니었다. 주어에는 어울리는 목적어가 있는 법이다. 사람에게 써야 할 표현과 기계나 상품에 써야 할 표현을 구분하자는 주장은 당연해 보이지만 현실에선 그 구분이 쉽게 무너진다. 사람을 쉽게 그 효용 가치로만 취급하는 분위기가 만연한 것과 무관하지 않다.

언론 보도뿐 아니라 TV프로그램 여기저기서 인간관계의 단절을 '손절'이란 말로 표현한다. 손절은 '손절매'의 준말로 국어사전의 뜻풀이는 "앞으로 주가가 더욱 하락할 것으로 예상해 가지고 있는 주식을 매입 가격 이하로 손해를 감수하고 파는 일"이다. '매몰비용'을 고려하지 말고 향후 손해라도 줄이기 위해 주식을 지금 팔아 더 큰 손해를 막아야 한다는 말이다. 인간관계의 신뢰나 의리가 사라진 시대라곤 하지만 클릭 몇 번으로 사고파는 주식에 인간관계를 비유하는 지경에 이르렀다. 인간관계도 지금 이 순간 도움이 되지 않으면 바로 끊어버리는 세태가 반영된 것이다. 이런 세태에 대해 〈의절 대신 손절한다, 사람이 자본이 됐으니까〉[6]라는 칼럼은 이렇게 말한다. "철학자들이 우려한 대로 은연중에 인간을 물화物化하고 도구화하는 사고에 익숙해질 수 있다. 불교적 '절연'이나 유교적 '의절' 대신 자본주의적 '손절'을 쓰는 시대. 이제 그 명암을 돌아볼 때다."

'몸값'도 마찬가지다. 네이버 국어사전에서 '몸값'을 검색하면 "팔려온 몸의 값", "사람의 몸을 담보로 받는 돈", "사람의 가치를 돈에 빗대어 낮잡아 이르는 말"이라는 세 가지 뜻이 나온다. 다음 국어사전은 "사람의 몸을 근거로 조건을 붙여 매기는 값", "팔려 온 사람의 값", "성적인 관계를 매개로 지불하는 매춘의 값"이라고 풀이하고 있다. 인간이 시장에서 거래할 수 있는 상품이 될 수 없다는 건 현대 사회가 공유하는 가치다. 손흥민의 '몸값'이 아니라 손흥민 선수가 축구 경기를 한 대가를 그의 연봉으로 책정하는 과정이 있을 뿐이다. 몸값과 연봉은 완전히 다르다.

2020년 중고거래 플랫폼 당근마켓에 아이를 판매한다는 글이 올라와 사회적 논란이 됐다. 20대 비혼모가 이불에 싸인 아이 사진을 올리고 20만 원에 팔겠다고 한 것이다. 비혼모가 아이를 혼자 키우기 어려운 환경이었을지라도 사람에게 가격을 매기는 행위는 그 이유가 무엇이든 비난을 받는다. '손절', '몸값' 등이 문제인 까닭이다.

'품절남', '품절녀'도 있다. 유명 연예인의 결혼 소식을 알리는 기사에는 어김없이 그들을 '품절남', '품절녀'로 수식한다. 생각해보면 이상한 말이다. 결혼한다고 방송에 안 나오거나 재능이 사라지는 것도 아닌데 대체 무엇이 품절됐다는 말인가. 마치 모든 시청자가 연예인을 연애나 결혼의 상대로 생각한다는 듯 표현하는 것은 비상식적이다. 유명인들이 자신의 결혼 소식을 알리면서 스스로 '품절남', '품절녀'가 됐다고 하는 경우도 많다. 언론에선 다시 그 말을 인용해 퍼트린다. 옛날 얘기가 아니냐고 반문할 수도 있겠지만 당장이라도 포털 사이트에서 검색해보면 최근 기사에서도 빈번히 등장하고 있다.

'품절-'과 반대로 아직 창고에 있거나 오래 팔리지 않는 상품을 뜻하는 '재고'가 붙는 경우도 있다. '재고남',

'재고녀'라는 신조어는 결혼을 안 한 사람을 가리킨다. 혼인이 인신매매를 떠올릴 만큼 사람을 사고팔던 역사가 있는데 아직도 이런 단어를 쓰는 이유가 뭘까. 한 번 결혼을 했다가 이혼한 경우에는 '반품남', '반품녀'라고 부른다. 사람은 기계가 아니고 물건도 아니다.

인간을 물화한 또 다른 단어로는 '상장폐지녀', 줄임 말로 '상폐녀'가 있다. 결혼하지 않은 여성을 비하하는 속어로 '결혼 적령기'가 지난 여자는 상장 폐지된 주식과 같다는 뜻을 담고 있다. 비슷한 말로 '똥차'가 있다. 특히 매력 없는 남성에겐 '상폐남'보다는 '똥차'라는 표현을 주로 쓴다. 덧붙이자면, 개인의 선택과 결정에 의해 이루어지는 결혼을 특정 나이대에 꼭 해야 하는 것처럼 강요하는 뉘앙스를 주는 '결혼 적령기' 역시 심각한 시대착오적 표현이다.

신조어란 변화하는 세상을 표현하기 위한 새로운 언어다. '결혼 적령기'라는 시대착오적 발상도 모자라 사람을 사고파는 대상으로 전락시킨 구시대적인 말들이 신조어가 되는 현상은 참 아이러니하다.

동물을 좋아하는 것과
존중하는 것은 다르다

나는 동물을 좋아하지 않는다. 엄밀하게는 무서워하는 쪽에 가깝다. 동물에게 귀여운 모습이 있다는 걸 부정하진 않는다. 하지만 그 귀여움이 익숙하지 않고, 귀엽다고 꼭 좋아하게 되는 것도 아니다.

동물을 좋아하지 않는다는 나의 기호는 쉽게 비난의 대상이 됐다. 나를 피도 눈물도 없는 냉혈한으로, 또는 동물 차별주의자로 취급하는 사람들도 봤다. 동물과 가까이하지 않으면 무슨 잘못이라도 저지르게 될까? 오히려 동물을 '기르겠다'고 나선 사람들이 동물을 유기하거나 학대하는 경우가 흔하지 않나? "나는 여성을 좋아하니 여성을 차별하지 않는다."라던 수많은 성차별자의 변명이 떠오른다.

2021년 12월 윤석열 당시 국민의힘 대선 후보가 국민의힘 선대위 장애인 본부 출정식에서 김예지 국민의힘 의원의 안내견 '조이'를 쓰다듬어 비판을 받았다. 김예지 의원은 시각장애인이자 피아니스트 출신 의원으로 안내견과 함께 일정을 수행한다. 2020년 6월 김 의원이 처음 국회에 출석할 때 이미 이 소식은 널리 알려져 있었고, 안내견은 자신의 수행 목적이 있기 때문에 함부로 만지는 등 스트레스를 주는 행위를 해선 안 된다는 내용도 언론에 대대적으로 보도가 됐다. 그런데도 윤 후보는 안내견을 마치 반려견 대하듯 쓰다듬어 비판을 받았다. 윤 후보는 2021년 6월 정치를 시작하면서부터 개를 입양해서 기르는 따뜻한 이미지로 자신을 홍보해왔다. 동물을 기르거나 동물과 가까우면 곧바로 따뜻한 사람이 되는, 이해할 수 없는 고정관념에 올라탄 셈이다.

윤 후보의 개는 악용되기도 했다. 윤 후보가 학살자 전두환 씨를 옹호했다는 비판을 받던 중 여론에 떠밀려 사과문을 냈다. 이후 그는 자신의 '반려견 인스타그램'에 개에게 사과를 주는 사진을 올렸다. "사과는 개나 줘."를 떠올리게 만드는 사진이었다. 한참 만에 나온 사과의 진정성이 떨어지자 해당 인스타그램 계정을 삭제했다. 윤 후보가 내놓은 해명은 "실무진의 실수"였다.

인간이 가장 우월하다는
사고방식에서 벗어난다면

용어를 명확하게 하지 않으면 차별받는 존재가 생겨나기 마련이다. 몇몇 지자체에서 운영하는 문화체육시설에는 "반려견(애완견)의 출입을 금지한다"는 문구가 붙어 있다. 그 때문에 시각장애인들이 안내견을 데리고 입장하지 못하는 경우가 발생했다. 공공체육시설의 특성을 감안하더라도 장애인에 대한 세심한 배려가 없었다는 점은 아쉬움이 남는다. "안내견 외 반려동물은 출입이 제한된다"는 명확한 안내문이었다면 불필요한 논쟁을 줄일 수 있었을 것이다.

동물과 함께 살고, 아픈 동물을 치료하고, 유기동물을 입양하는 것 다 좋다. 중요한 건 '애완동물'이 아닌 '반려동물'로 대하느냐다. 인간의 만족과 유희를 위해 키우는 '애완동물'이 아니라 가족 못지않은 존재라는 뜻에서 '반려동물'이라는 말이 널리 쓰이는 까닭이다. '애완'에서 '완玩'은 '장난감'을 뜻한다. 유기견, 유기묘가 아직도 많다는 건 여전히 동물을 데리고 놀다가 싫으면 버리는 장난감처럼 대한다는 근거다. 동물과 살겠다고 선택한 건 인간이다. 먹여주고 재워줬으니 이 정도는 괜찮다는 생각은 잘 못이다. 동물은 '애완'이 아니라 '반려'의 존재다.

그렇다면 '견주'라는 표현도 피해야 한다. 동물의 '주인'이 아니라 '보호자'라는 말이다. 인간과 반려동물의 관계는 '주인'과 '재물'의 관계가 아니라 '보호자'와 '피보호자'에 어울린다. 자신이 낳거나 입양한 자녀라는 이유로 그 자녀의 권리를 무시할 수 없듯 한 생명이 다른 생명 위에서 주인으로서 군림하거나 그 생명을 소유할 수 없다. 인간이 우월하고 다른 종은 열등하다는 사고방식에서 벗어나야 한다.

오랫동안 인간은 동물을 비하하는 표현을 많이 써왔다. "닭대가리냐", "소처럼 우둔하다", "곰이냐, 미련하게", "돼지처럼 살이나 찌고" 등 문제의식 없이 써온 비유가 많다. 특히 개는 인간과 가깝다는 이유만으로 온갖 욕설과 폄하 표현에 마구잡이로 동원됐다.

최근 동물권 해방, 종평등 운동을 하는 사람들은 동물 차별 언어를 지적한다. 인간도 동물의 한 종일 뿐이기 때문에 '인간'과 '동물'을 '인간'과 '비인간동물'로 구분하기도 한다. 물에 사는 생물을 통상 '물고기'라고 부르는데 '고기'는 오직 인간의 식량으로서만 기능한다. 따라서 '물고기' 대신 '물살이'를 제안한다. 더 나아가 몇 '마리' 대신 사람처럼 몇 '명'을, '도축' 대신 '살해'를, '폐사' 대신 '사망'을, '암컷'이나 '수컷' 대신 '여성'이나 '남성'을 제안하기도 한다.

이런 제안을 처음 듣는 입장에선 '굳이 이렇게까지 해야 하는가'라는 의문이 들 수도 있다. 그러나 동물권에 대한 관심이 점점 커져가는 시점에서 앞으로 이런 주장이 더욱 다양하고 깊은 층위에서 이루어질 것이라고 충분히 예상해볼 수 있다. 동물을 좋아하든 좋아하지 않든, 반려동물과 함께 살든 살지 않든, 익숙했던 표현들을 점검하고 다시 한번 생각해볼 필요가 있다.

공론장에서 소외되는 아동·청소년

2021년 어린이날을 앞두고 몇몇 어린이 전문가들과 함께 어린이와 미디어를 주제로 집담회를 진행했다. 평소 어린이를 마주칠 일도 없고 어린이에 대해 구체적으로 생각할 기회가 없었기에 어린이에 대해 배우고 편견을 깰 수 있는 중요한 취재였다. 아동문학 평론가로 활동하는 김지은 서울예대 교수의 글도 찾아 읽었다. 그러면서 꽤 많은 어른이 어린이를 부정적인 관점으로 보고 있다는 사실을 새삼스럽게 느꼈다.

'-린이'라는 표현이 신조어로 자리 잡은 지 오래다. 주식에 처음 입문하면 '주린이', 헬스장에 처음 등록하면 '헬린이'라고 한다. 어린이는 무엇이든 잘 모르고 잘하지 못한다는 뜻을 담은 표현이다. 유치하고 황당한 언행을 하는 사람에게 '초딩'이라고 비하하는 것 역시 나이가 어린 초등학생들은 열등하다는 전제가 깔려 있다.

처음 하는 일은 누구나 서툴다. 처음 시도하는 걸 더 잘하는 건 어린이일까? 어른일까? 새로운 걸 잘 받아들이지 못하고 시류에 따라가지 못하는 건 오히려 어른들이다. 어린이들은 처음 하는데도 출중한 능력을 보이는 경우가 많다. 어렸을 때는 언어도 금방 습득하고 수영, 음악, 암산 등 '영재가 아닐까?' 착각하게 만드는 재주가 한두 개쯤 있기 마련이다. 그런데 '-린이'를 사용하는 어른들의 모습을 보는 어린이들은 무슨 생각을 하게 될까?

어린이의 특징을 미숙함으로 규정하기엔 어린이들은 꽤나 성숙하다. 어린이들은 언제든 쉽게 적응할 수 있고, 스스로 하려는 자신감이 있으며, 두려움이나 편견 없이 도전하려는 경향이 있다. 선입견, 고정관념 탓에 어른들에게 하기가 꺼려질 만한 이야기를 어린이에게 해본 경험이 있다면 안다. 어린이들은 대수롭지 않게 들어주고 넘어간다.

미숙과 성숙의 차이가 타인에 대한 관용과 유연함에서 비롯된다고 할 때 대체로 어른보다 어린이들이 더 성숙하다. 왜 미숙함을 나타낼 때 어린이에 비유하는 걸까?

이는 근거 없는 차별이다.

2021년 청소년인권운동연대 '지음'은 '어린 사람을 아랫사람으로 대하지 않는 언론 보도 문화 조성을 위한 토론회'를 열었다. 지음 활동가의 발제문을 보면 언론이 어린이, 청소년에게 '-군', '-양'이라고 부르며 아랫사람 취급한다고 지적했다. 또는 그와 반대로 어린이나 청소년이 등장하는 기사 제목에 갑자기 존칭을 쓰는 사례도 있었다. 발제자가 예시로 든 기사 제목은 〈혐오·욕설 NO! '슬기로운 초등 유튜브 생활', 우리가 직접 만들어요〉였다.

미성년자든 성인이든 똑같이 '-씨'라고 부르거나 미성년자에게 '씨'가 어색하다면 '홍길동 어린이', '홍길동 학생' 등으로 표기할 수 있고, 소속과 직함이 있으면 이름 뒤에 직함을 붙여서 부르면 된다. 미성년자가 취재원으로 등장하는 기사 제목도 성인들이 등장하는 기사처럼 같은 원칙으로 정하면 된다. 특별대우? 듣는 사람 입장에선 그게 차별일 수도 있다.

성인의 이름과 어린이 이름을 다르게 취급한다는 비판도 있었다. 어린이 이름을 딴 법은 '민식이법'인데 어른 이름을 딴 '김영란법'은 '김영란'이라는 성과 이름을

다 사용했다는 것이다. 더구나 민식이법과 관련해 언론은 어린이와 청소년들이 이 법을 악용한다는 근거 없는 내용을 대대적으로 보도하기도 했다. 어린이보호구역(스쿨존)에서 차량 앞에 불쑥 나타난 아이들을 '민식이법 놀이'를 한다고 규정해 보도한 것이다.

시민단체 '정치하는엄마들'은 2021년 '스쿨존 내 운전자 위협 행위'를 '민식이법 놀이'라고 보도한 언론사와 기자들에게 김민식 어린이의 유족에게 사과하고 정정 보도를 해달라고 요구했다. 정치하는엄마들은 "법의 목적과 취지에 반하는 운전자 위협 행위 등을 지적하면서 희생자 이름을 부적절하게 언급하는 것은 피해자에 대한 심각한 2차 가해"라며 "운전자 위협 행위는 아동뿐만 아니라 누구라도 마땅히 하지 말아야 하는 위험한 행동임에도 교통사고 피해자였던 고인의 이름에 오히려 가해자성을 부여해 '민식이법 놀이'라 부르는 것은 그 심각성을 축소시킨 명백한 혐오 표현"이라고 비판했다.

시민단체 언론인권센터도 논평을 냈다. "일부 네티즌과 유튜버의 [어린이 혐오] 주장을 언론이 확인 절차 없이 그대로 보도했고, 그들의 '상상'이 실제로 존재하는 것처럼 보이게 했다. 채널A는 '민식이법 놀이'가 어린이들 사이에서 유행하고 있다고 보도했다. '유행'이라면 적어도 어린이 한 명이라도 인터뷰를 했어야 했다. 그러나 이들이 인터뷰 대상자로 선택한 사람은 운전자, 변호사였다." 미숙한 어린이들이 성인 운전자들을 곤란하게 만들 것이라는 편견이 확인 절차 없이 보도되면서 어린이 혐오를 생산해낸 사례다.

이용당하고 거부당해도
목소리 내지 못하는 아동·청소년

어린이 등 미성년자들은 사실상 발언권이 없고, 투표권도 없다. 어린이들은 오해를 받아도 공론장에서 반박하기 어렵다. 2021년에는 정세균 전 국무총리가 '초깔아'를 공약으로 내놔서 화제가 됐다. 초깔아는 "초등학교를 깔고 그 위에 지은 아파트"를 말한다. 많은 사람에게 익숙한 '초품아'(초등학교를 품은 아파트)보다 더 나간 말이다. 최근 지어지는 아파트는 단지 내에 학교가 있는 이른바 '학품아'(학교를 품은 아파트)여야 한다. 더 높은 집값을 담보하는 요인이기 때문이다. '학품아'로는 부족했는지 초등학교

건물 위에 아파트를 세우자는 황당한 발상을 국무총리까지 지낸 사람이 대선 공약이라고 내놓은 셈이다.

어린이 입장에서 보면 이는 위험천만한 발상이다. 아파트 입주민들이 분리되지 않은 채 학교 공간을 활보할 수 있다. 어린이들이 길거리에서 완전히 사라질 테니 일부 어른 입장에선 '땡큐'라고 여길 수도 있다. '노키즈존'이 대폭 늘어나는 효과로 이어지는 꼴이다. 근본적으로 왜 공교육기관이 특정 아파트 집값 상승을 위해 희생돼야 하는지 이해할 만한 이유를 찾기 힘들다. 사람보다 돈, 어린이보다는 어른을 위한 차별적 발상이다. 아울러 위에서 언급한 '노키즈존'도 대표적 혐오 표현이다. '노키즈존'이란 말을 처음 들었을 땐 당연히 어린이들이 접근하기 위험한 지역에서 어린이들의 통행을 막은 곳인 줄 알았다. 어린이들을 적대의 대상으로 설정했다는 사실을 깨닫고는, 놀랐다. 참정권 없는 어린이들이 얼마나 쉽게 배제되는지 보여주는 사례다.

일상에서 어린이, 청소년들의 목소리를 듣기란 쉽지 않다. 부모들이나 학교 선생님도 그들의 의사를 대신할 수 없다. 또한 미성년자라고 해서 모두 학생인 것은 아니다. 어린이, 청소년을 모두 '학생'이라고 단정해선 안 된다. 어린이와 청소년들은 학습을 받는 사람으로서만 세상에 존재하지도 않는다. '학생'이라는 호칭 대신 '어린이'나 '청소년' 혹은 '청소년 시민' 등 대체할 표현은 많다. 학교에 다니지 않는다는 의미의 '탈학교 청소년', 학교가 아닌 집에서 공부한다는 뜻에서 '홈스쿨러' 등도 일부 청소년들을 지칭할 수 있다.

영화감독이자 작가인 이길보라는 '로드스쿨러Road-schooler'라는 말을 만들었다. 학교에서 벗어나 자기 주도적으로 공부도 하고 교류, 연대하는 청소년들을 말한다. 그는 스스로 '로드스쿨러'라고 칭하면서 탈학교 청소년들을 주인공으로 한 다큐멘터리 〈로드스쿨러〉(2008)를 제작, 연출했다. 아이들은 집이나 학교에서 어른들 말이나 잘 듣고 있어야 하는 미숙한 존재가 아니다.

부모에게 자녀 생사여탈권은 없다

'동반자살'. 자살하고자 하는 사람들이 서로 뜻이 맞아 함께 그러면서 각각 목숨을 끊는 일을 말한다. 한 사람이 다른 사람의 죽음을 종용하거나 압박했다면 '동반자살'이라 부르기 어렵다. 누군가가 타인을 살해한 뒤 자살한 사건이라면 '동반자살'이 아닌 '살해 후 자살'이다. 이런 차이에도 부모가 자식을 죽인 뒤 자살한 사건을 '동반자살'이라고 불러왔다.

2021년 SBS 교양 프로그램 〈꼬리에 꼬리를 무는 그날 이야기〉에서는 1974년에 벌어진 2인조 강도 이야기를 다뤘다. 경찰 포위망이 좁혀오자 강도 문도석은 자신의 아내와 아들을 불렀다. 그 후 아들을 살해하고 뒤이어 자살했다. 문도석은 공범 이종대에게 "사나이답게 죽자."고 했다. 이종대 역시 경찰과의 대치 과정에서 자신의 두 아들과 아내를 인질로 잡고 "내 마누라, 내 새끼들 죽이고 살리는 건 내가 결정한다."라고 말했다. 결국 이종대는 가족들을 모두 살해하고 자신도 목숨을 끊었다. 당시 신문 기사를 보면 "사랑하는 자식들을 고생시킬 수 없다고 어린 것들을 데리고 동반자살한 잔혹성도 어찌 보면 잔혹하다고만 나무랄 수 없는 개운찮은 뒷맛을 두고두고 남겼다."라고 이 사건을 전했다. 강도 행각에 가족까지 죽인 범죄자의 자살을 '동반자살'이라고 명명한 것도 모자라 어쩔 수 없는 면이 있다며 가해자를 두둔한 것이다.

형법 제250조(살인, 존속살해)에 따르면 살인의 최소 형량은 징역 5년이고 직계존속, 즉 부모나 조부모 살해는 최소 7년 이상이다. 소위 '패륜 범죄'로 보고 가중처벌을 법으로 규정했다. 반대로 부모가 자식을 죽일 때는 가중처벌 조항이 없다. 자식을 죽인 부모는 육아 스트레스가 심했거나 불우한 어린 시절을 보냈다는 등의 이유가 '정상참작'돼 감형까지 이뤄지곤 했다. '동반자살'과 '감형'을 함께 검색하면 〈동반자살하려다 혼자 살아남은 30대 男 항소심서 감형〉, 〈'생활고 비관' 두 자녀 살해한 30대 엄마, 항소심서 감형〉, 〈남매 숨지게 한 우울증 주부 '집행유예'〉 등 부모의 자녀 살해를 감형한 사례를 어렵지 않게 찾아볼 수 있다.

한국형사법무정책연구원에 따르면 2000~2019년 '동반자살' 사건은 247건에 달했다. 매년 15건씩, 한 달에 한 건 이상 부모가 자식을 죽이고 언론에서는 이를 '동반자살'이라고 보도한 것이다. 대부분 피해자는 9세 이하 아이들이라고 한다. 관련 기사를 보면 아이들은 "살고 싶다. 죽고 싶지 않다."라고 말한 사건도 꽤 많았다. 살고자 발버둥친 아이까지 살해했다는 사실을 떠올리면 더더욱 이들 살인 사건을 '동반자살'이라고 불러선 안 된다.

"동반자살이라는 말에 숨겨진 온정주의적 시각을 걷어내야 한다"

자식 살해 이후 부모의 자살을 '동반자살'로 부르는 배경에는 자녀 생사여탈권이 부모에게 있다는 인식이 깔려 있다. 자녀 양육을 비롯해 대부분 복지가 개별 가족에게 떠넘겨진 상황이라는 이유로 만들어진 왜곡된 인식이다. 한국보다 더 열악한 사회라도 자녀의 생명이나 인권을 부모가 박탈할 수 없다. 부모가 미성년 자녀를 두고 스스로 세상을 떠나는 것도 자녀에게는 상처인데 이것도 모자라 생명까지 빼앗는다면 얼마나 큰 범죄인가. '동반'도 아니며 사건의 핵심인 '살해'도 빠진 잘못된 표현이다.

2018년 12월 두 살 난 아이를 키우던 한 엄마가 가정 불화와 경제적 곤궁을 견디지 못해 아이를 먼저 살해하고 자신도 자살하려 한 사건이 있었다. 그 엄마는 아이를 안방으로 데려가 잠을 재운 다음 청테이프로 문틈을 모두 막고 번개탄을 피웠다. 그리고 그 자신도 수면 유도제 등을 먹고 자살하려 했으나 아이만 죽고 혼자 살아남아 살인죄로 재판을 받았다. 2020년 5월 울산지법 박주영 재판장은 피고인에게 징역 4년을 선고하며 판결문에서 다음과 같이 말했다. '동반자살'이란 말에 담긴 폭력적 인식을 잘 지적한 내용이기에 그 일부를 소개한다.

많은 전문가들이 지적하듯 이러한 범죄는 동반자살이란 명목으로 미화되거나 윤색될 수 없다는 점을 가장 먼저 지적하지 않을 수 없다. 이런 유형의 범행은 동반자살이 아니다. 이 범죄의 본질은 어디까지나 자신의 아이를 제 손으로 살해하는 것이다. 살해 후 자살 또는 살해에 수반된 자살에 불과하다.

동반자살이라는 워딩에 숨겨진 우리 사회의 잘못된 인식과 온정주의적 시각을 걷어 낼 필요가 있다. 우리는 살해된 아이의 진술을 들을 수 없다. 동반자살은 가해 부모의 언어다. 아이의 언어로 말한다면 이는 피살이다. 법의 언어로 말하더라도 이는 명백한 살인이다. (…)

참담한 심정으로 애통하게 숨겨간 아이의 이름을 다시 부른다. 이 이름이 아동학대로, 동반자살이라는 명목으로 숨겨간 마지막 이름이기를 또 다시 희망한다. 그것이 부질없는 기대임을 예감하지만, 그럼에도 세상에는 끝까지 놓을 수 없는 희망이 있다. 지금보다 더 나은 사회, 최소한 아이들이 어른들의 잘못된 선택과 판단으로 쉬이 스러지지 않는 세상에 대한 희망만은 결코 포기할 수 없다. 얼마나 더 많은 아이들이 죽어야만 그런 세상에 도달할 수 있을까. 우리의 무관심과 방임을 환기시키기 위해 얼마나 더 많은 아이들이 살해되어야 하는가. 아직도 숫자가 부족한가. 그렇지 않다. 세상을 일깨우기 위한 희생은 최초의 한 아이만으로도 이미 충분했다. 부족한 건 언제나 공감과 행동뿐이다.[7]

강자들의 불법 vs. 약자들의 불법

'힘센 사람'이 '약한 사람'에게 피해를 줬다. 알고 보니 불법 행위였다. 법원에서 불법이니까 바로잡으라고 판결했다. '힘센 사람'은 법원 판결에 불복해 상급법원으로 갔다. 결국 대법원에서도 불법이라고 판단했다. '힘센 사람'은 대법원 판결도 무시했다. 관련 정부 부처에선 손놓고 아무것도 하지 않았다. '약한 사람'은 계속 피해를 당했다. 공무원들에게 가서 조치를 해달라고 항의도 하고, 언론과 인터뷰에서 억울함도 호소했다. 단식 농성도 해보고 할 수 있는 다양한 방법을 다 시도했다. 비슷한 취지의 판결이 계속 이어졌다. 달라지는 건 없었다. 그런데 느닷없이 '약한 사람'이 문제를 제기하는 과정에서 불법을 저질렀다며 검찰이 그를 기소했다. 검찰은 징역 5년을 구형했다. 법원은 '약한 사람'이 피해를 당한 사실, 그에 대한 억울함을 호소한 취지에 동의한다면서도 징역 1년 6개월 실형을 선고했다. '약한 사람'은 어떻게 해야 할까?

서울중앙지법 형사합의27부는 2022년 2월 일반교통방해·집회및시위에관한법률위반 등의 혐의로 기소된 김수억 전 금속노조 기아차비정규직지회장에게 징역 1년 6개월의 실형을 선고했다. 함께 기소된 노동자는 16명이 더 있었다. 2명은 징역 1년 6개월에 집행유예 3년, 3명은 징역 6개월에 집행유예 1년, 나머지 11명은 100만~200만 원 벌금형을 선고받았다. 이들은 대체 집단으로 무슨 죄를 저질렀을까?

자동차 공장에서는 대기업 소속 노동자들과 하청업체에서 온 노동자들이 함께 일한다. 각각 소속이 다르니 다른 직장 상사의 지휘감독을 받아야 한다. 노동법에 따르면 그렇다. 하지만 같은 사업장에서 일하는데 어떻게 그게 가능할까? 그래서 노동자들은 근로자지위확인 등의 소송을 진행했다. 자신들은 다른 하청업체와 근로 계약을 맺었지만 실제로는 현대차의 노동자처럼 일하고 있다는 내용을 법원에서 확인받는 소송이었다. 노동자들의 요구가 받아들여졌다. '불법 파견'이다. 이러한 판결은

2007년부터 무려 열한 차례나 반복되어왔다. 대법원에서도 2010년 이후 자동차업종의 사내 하도급을 불법으로 판단했다. 자동차를 생산하는 과정 일부만 현대기아차 정규직 노동자들이 담당하고 그 외 공정은 사내 하청업체 소속 비정규직 노동자들이 담당하고 있었다. 즉 하청업체 소속 비정규직들을 대기업이 직접 고용해야 한다는 취지의 판결이다.

법원에서 현대기아차의 불법 파견을 인정했지만 현대기아차는 비정규직 노동자들의 요구를 제대로 듣지 않았다. 고용노동부 역시 방관했다. 시정 명령조차 내리지 않았다. 대법원 판결을 노동부 역시 무시한 꼴이다. '재벌 눈치 보기'라는 비판이 나왔다. 2018년 적폐청산TF인 고용노동행정개혁위원회가 내놓은 조사 결과를 보면 노동부의 사건 처리 지연, 검찰의 부당한 수사 지휘 등의 문제가 드러났다. 해당 위원회는 노동부에 "현대기아차 등 불법 파견 문제를 해결하기 위해 법원 판결 기준에 따라 조사해 직접 고용 명령, 당사자 간 협의, 중재 등 적극적인 조치를 조속히 취할 것"을 권고했고 "불법 파견 판정 기준 관련 법원 판례를 반영해 노동자 파견 판단 기준 지침, 사내하도급 파견 관련 사업장 점검 요령을 정하라."고 했다.

하지만 현대기아차 원청 노사는 문제 제기한 비정규직들을 배제한 채 비정규직 특별 채용에 합의했다. 법원의 직접 고용 판결 취지와 달리 비정규직 근속이나 체불임금도 인정하지 않았다. 김수억 전 지회장 등 비정규직 노동자들이 서울 중구 서울지방고용노동청 앞에 천막을 세우고 단식 농성에 들어갔다. 노동부는 이들에게 현대기아차 노사와 교섭해서 문제를 해결해보겠다고 했다. 농성은 마무리됐다.

노동자들이 속은 걸까? 해가 바뀌어도 달라지지 않았다. 김수억 전 지회장을 만난 건 2019년 8월 22일이었다. 그는 다시 서울고용노동청 앞에 천막을 쳤고 그 안에서 단식 중이었다. 그날은 단식 25일차. 노무현 행정부 시절 노동부가 불법 파견이라고 결정해놓고도 15년 넘게 시정명령조차 하지 않는 것에 대해 비판했다. 파리바게트 등 다른 기업들의 경우 노동부는 법원 판결이 나기도 전에 불법 파견에 대해 (원청의) 직접 고용 명령을 내린 반면 현대기아차는 왜 15년이나 방치하는지도 따져 물었다.

그 후 김수억 전 지회장을 비롯해 17명(현대기아차 11명, 한국GM 2명, 아사히글라스 2명)은 기소됐다. 이들은 2018년 7월부터 2019년 1월 사이에 서울지방고용노동청, 대검찰청,

청와대 앞에서 점거 농성과 집회를 벌인 혐의로 재판을 받게 됐다. 정부에 직접 고용 시정 명령을 요구하고 거리에서 비정규직 문제 해결을 주장한 행동들을 문제 삼은 것이다.

1심 재판부는 "불법 파견, 비정규직은 반드시 해결해야 할 문제"라며 "법원도 피고인들 주장이 부당하다고 생각하지 않는다."라고 했다. 그렇지만 "피고인들의 주장 자체에 대해서는 이의가 없지만, 대외적으로 주장을 제시하는 방법이 선을 넘었다고 판단한다."라며 "관공서의 경우 누구든 자유롭게 출입할 수 있지만 그런 경우에도 청사 관리 책임자에게 지나치게 부담을 주는 방법으로 출입해선 안 된다."라고 선고 이유를 밝혔다.

언론은 이를 '불법 집회', '불법 시위'라고 부른다. 그러나 '불법 시위'란 말속엔 불법 행동이니 금지하고 강경하게 대응해야 한다는 의미만 남는다. 하루가 멀다 하고 자신이 할 수 있는 모든 것을 다 동원했는데도 대법원 판결조차 들어주지 않는 가운데 비정규직 노동자들이 할 수 있는 일은 무엇이었을까?

약자들의 '시민 불복종'에
불법이란 이름을 붙이지 말라

세상을 바꾸는 많은 사건에는 '불법'이 포함되는 경우가 많다. 양심적 병역 거부는 그 자체로 불법이었다. 자신의 신념을 이유로 총을 드는 대신 다른 방식으로 국가에 복무하겠다는 요구도 묵살당했다. 병역 기간보다 더 긴 기간 동안 봉사하겠다는 요청도 마찬가지였다. 그들은 평균 징역 1년 6개월 형을 선고받았다. 그러나 수많은 '불법'이 모여서 세상이 변했다. 2018년 6월 헌법재판소는 대체복무제를 규정하지 않은 병역법이 헌법에 불합치하다고 판단했다. 2018년 12월, 36개월의 교정시설 합숙 근무를 내용으로 하는 정부안이 확정됐다. 전 세계적으로는 50개 이상의 국가에서 양심적 병역 거부를 인정하고 있다. 양심적 병역 거부를 '불법'으로만 부르는 건 얼마나 편협한 이름 짓기인가.

'불법 시위'라는 표현에 대해 진지하게 고민해봐야 한다. 2016~2017년 촛불집회에는 불법 요소가 하나도 없었을까? 4·19혁명이나 3·1운동은 합법 시위였을까? 불법이나 부정에 맞서고 시민의 인권과 정당한 요구를 위해 집회와 시위를 폭넓게 보장해야 하지만 사사건건 집시법, 공동주거침입, 일반교통방해 등 몇몇 조항들이 단골 메뉴처럼 노동자들을 따라다닌다. '불법 시위'와 함께 자주 등장하는 단어들은 '전문 시위꾼'이다. 누가 돈도 안 나오는 '불법' 시위를 '전문'으로 하며 끊임없이 기소당하고 언론에서 공격당하며 추운 곳에서 벌벌 떨거나 한여름에 단식농성을 한단 말인가.

《선량한 차별주의자》(김지혜, 2019)에는 이런 내용이 있다. "시민 불복종은 공개적으로 위법 행동을 함으로써 대중에게 문제 상황을 알린다. 시민 불복종은 일종의 '말 걸기' 행위다." 불법 시위가 아니라 시민 불복종이 더 어울리는 표현이다. 저자는 묻는다. "다수자의 불관용 때문에 소수자가 다른 효과적인 소통의 통로를 갖지 못하고 시민 불복종에 기대게 되는 것이 아닐까?"

김수억 전 지회장 등 비정규직 노동자들은 금융 범죄자들처럼 불법을 저질러 부당한 이득을 취하려는 것도 아니었고 불법을 통해 타인에게 해를 끼치지도 않았다. 노동법을 지키라는 당연한 요구, 불공정하게 대우하지 말라는 정당한 요구, 노동자들이 일하다가 죽지 않도록 안전한 일터를 만들어달라는 공익적 요구를 했을 뿐이다.

집회에서 일부 위법 소지가 있었다 하더라도 언론과 검찰, 사법부는 이들이 집회를 하게 된 배경을 정상참작해 '불법 집회'라는 표현을 지양해야 한다.

대기업이 불법을 저지르지 않았다면, 노동부가 제대로 시정 명령해서 상황이 개선됐다면, 대기업이 법원 판결의 취지대로 행동을 고쳤다면 노동자들의 집회도 없었다. 집회는 불법이 아니라 그냥 집회다.

차별 표현을 따져보는 이유

언행일치와 지행합일. 말과 지식과 행동을 다르지 않게 하는 일은 오랜 과거부터 동서양에 걸친 인류의 난제다. 사람들은 알고 있는 대로 말하지 못하기도 하고 말하지 않기도 한다. 아는 대로 말하지 않고, 말하는 대로 행동하지도 않는다. 차별 표현을 지적하고 이를 대신할 말을 찾는다 해도 차별과 혐오, 증오와 배제가 해결되는 사회는 당장 오지 않을 것이다. '니그로negro'를 '아프리카계 미국인Afro-American'으로 바꿔 부르는 것만으로 흑인 차별이 해결됐다고 말하지 않는 까닭이다. 언어는 차별의 원인이기도 하지만 대부분 차별의 결과물이다. 흑인을 아무렇게나 표현해도 문제 삼지 않는 공동체의 감수성이 문제의 핵심이다.

그럼에도 언어의 기원이나 역사를 들여다보고 대체 표현을 제안해보는 일은 필요하다. 누군가가 "이 단어는 부적절하니까 바꿔."라고 말하고 일사불란하게 단어를 바꿔버리면 큰 의미가 없다. '짜장면'을 '자장면'으로만 썼을 때나 '효꽈'를 '효과'라고 발음하는 정도의 어색함일지 모른다. '튀기'라는 표현을 '혼혈아'라고 대체했는데도 다시 일부에서 부적절하다는 주장이 나오자 '다문화 2세'로 용어를 다시 바꿨다. 그렇지만 앞에서도 살펴봤듯이 '다문화'는 외국인을 2등 국민으로 대하는 차별 용어다. 대체 용어에 다시 차별과 배제가 담기는 방향으로 흘러가기도 하는 것이다. 대체 표현의 무용론을 말하자는 게 아니다. 비판과 대체의 과정을 반복하고 이런 주제로 토론하기를 주저하지 않을 때 소수자의 존재는 공론장에서 자신의 자리를 가질 수 있다.

차별 표현을 가시화할 때
일상 속 차별도 인식된다

'다문화'라는 말이 단일문화를 전제로 그 외의 문화를 가리키는 표현이고, 여기서 단일문화는 황인종의 모습을 한 사람들에게 익숙한 문화라는 사실을 깨달았다고 하자. 백인들이 자신들과 다른 모든 인종을 '유색인종'이라 부르거나 아프리카나 남아메리카를 '제3세계'라고 부르며 이들의 음악을 '월드뮤직World music'이라고 하는 현상의 공통점을 파악할 수 있다. 대부분 사람들은 '나'를 세상의 기준으로 놓고 '나와는 다른 사람들'을 하나로 묶는다. 심지어 '선악'을 인류 보편 가치가 아닌 '나와 타자를 가르는 기준'으로 삼기도 한다.

비극은 자신이 그러고 있다는 사실을 스스로 인지하지 못하는 데서 시작한다. 나의 관점을 보편적 도덕으로 여겨선 안 된다. 세상은 단순히 '나'와 '타인'이라는 이분법으로 구분되지 않는다. 타인들 간에도 다양한 차이가 있고, 누군가에겐 나도 아주 낯선 존재일 수 있다. 차별 표현을 가시화할 때 사람들은 의식하지 못했던 차별을 깨닫는다. 당장은 불편하게 느껴지더라도 차별 표현들을 점검하고 이야기하는 일은 차별 없는 세상을 만드는 첫걸음일 수 있다.

보통 태아는 9개월 넘게 엄마의 배 속에 있다가 세상에 나온다. 이 기간을 채우지 못한 아이를 '미숙아'라고 부른다. '미숙아'를 입에 올린 사람이 차별주의자라는 뜻이 아니다. 미숙아라는 말이 가진 위치를 고민해보자. 정상의 기준을 정하고 그에 미달하는 사람을 열등하게 표현하는 게 타당한가라는 문제의식이다. 미흡, 미달이라는 뜻의 미숙아가 아닌 일찍 태어났다는 객관적 사실만을 강조해 '이른둥이'라는 대체어로 써도 된다. 세계보건기구에 따르면 임신 기간 37주 미만, 몸무게 2.5킬로그램 이하로 출생한 아이를 'Preterm Infant'(조산아 또는 이른둥이)라고 부른다. 지금은 이른둥이로 태어나도 의학의 발달로 대부분 잘 자라는 데 문제가 없다. '미숙아'를 '이른둥이'로 대체하는 과정에서 중요한 건 산모 등 보호자들이 혹시라도 느낄지 모르는 죄책감을 없애는 일이다. 산모는 자녀의 '미숙'이 자신의 잘못인 양 괴로워할 수도 있기 때문이다.

'아프리카계 미국인'에 대한 차별이 없어지진 않았지만 표현을 공론화하고 바꾼 것을 계기로 차별의 정도가 줄었다고는 할 수 있을 것이다. '문둥병'에서 '나병'으로, 다시 '한센병'으로의 병명 변화는 위협의 존재이자 불치병이 아닌 관리 가능한 병으로 인식을 전환하는 데 꽤 성공했다. 인권의 확장에는 용어 전환의 공功이 없지 않다.

그러므로 "실재하는 차별을 없애야지 대체 표현이 무슨 의미가 있느냐."는 식의 주장은 둔탁하다.

2016년 11월 여러 매체에서 성북구 월곡동 아파트 '동아에코빌'의 이야기를 보도했다. 이 아파트는 2015년 갑을 관계를 담은 수직적 계약서 대신 '함께 행복하자'는 뜻의 '동행同幸 계약서'를 썼다. 함께 사는 공동체를 만들기 위해 지하 주차장 한쪽에 자리 잡은 '동행공방'에서는 버려진 가구를 재활용해 새 가구를 조립하는 등의 활동도 병행했다. 동행 계약서는 다른 아파트로도 확산했고, 성북구도 관청 계약서를 '동행'으로 변경했다.

사회 곳곳에서 경비원 계약서를 동행 계약서로 바꾼다고 해서 경비원에 대한 차별이 모두 사라지진 않는다. 그러나 우리가 기억해야 할 것은 처음 '동행 계약서'를 고민했던 사람들의 진심이다. 고용이란 말이 "삯을 주고 사람을 부린다"는 뜻이기에 '고용 관계'보다는 '근로 관계', '고용 계약'보다는 '근로 계약'으로 바꿔야 한다는 제안도 있다. 주장 자체보다 단어의 뜻을 고민하며 언행 일치를 실현하려 하는 당사자들의 의지가 필요하다.

잘못된 표현과 의미를 갈아엎고
다 함께 차별 없는 세상으로

차별받는 당사자 입장에서도 언어의 의미를 따져보는 일
은 중요하다. 차별 표현 자체로 상처받기도 한다. 사회적
소수자와 인간관계를 맺으려는 사람이 차별 표현을 사용
한다면 어떻게 될까? "차별할 의도가 없었다."라는 해명
을 할 기회조차 얻지 못할 수 있다. 소수자들은 차별 표현
사용 여부를 보고 인간관계의 범위를 결정하기도 한다.
차별 표현을 대체할 말을 주장하면서 차별이 만연한 현실
을 드러낼 수도 있다. 부정적 의미를 담은 표현에서 그 부
정적 의미를 없앨 수도 있다.

성소수자를 가리키는 '퀴어Queer'란 말은 '이상한',
'괴상한'의 뜻을 가지고 있지만 1980년대 미국 인권운동
의 영향으로 성소수자들이 자신을 퀴어라고 불렀고 이제
는 성소수자를 가리키는 보편 용어로 자리 잡았다. '미쳤
다'는 말은 모욕의 표현으로 쓰이지만, 1993년 캐나다 토
론토에서 시작해 매년 전 세계로 확산한 '매드프라이드
Mad Pride' 행사는 한국에서도 열린다. 자신의 정체성 중
하나인 미쳤다는 사실에 자부심을 가지고 소위 "미쳤다,

그런데 어쩔래!"라고 외치는 대중 운동이다. 장애 여성 운동 단체인 장애여성공감은 창립 20주년이던 2018년 "시대와 불화하는 불구의 정치"라는 슬로건을 내걸었다.

> 장애인을 비롯해 시대마다 불화하는 존재들은 '불구'라는 낙인으로 차별받았다. 장애 여성은 몸의 차이로 비정상적인 존재가 되었다. 그러나 장애 여성의 경험과 위치는 단일한 정체성으로 환원할 수 없는 수많은 이들의 존재를 일깨우며 정상성을 강요받는 다른 몸들과 만난다. 그리고 불구의 존재들과 함께 폭력적인 운명을 거부한다. (장애여성공감 20주년 선언문 일부)

장애인에 대한 차별과 낙인의 용어인 '불구'를 역으로 활용해 당당하게 장애 여성의 목소리를 내겠다는 발상이다. 논란이 되는 표현과 용어의 부정적 뜻을 갈아엎는 언어의 개선이야말로 가장 효과적인 혁명이다.

차별은 계속되고 부적절한 신조어가 더 만들어질 수도 있다. 그럴 땐 대체된 언어의 역사를 보여주며, 언어 바깥에 있는 현존하는 차별을 없애자고 주장할 기회를 얻을 수 있다. 차별 표현을 없애자는 주장이 자칫 선한 일로 비치는 것도 경계해야 한다. 《선량한 차별주의자》라는 책 제목에서 알 수 있듯 선량한 마음은 차별과 무관하다. '인권 감수성'이라는 말이 '감성'과 비슷해 보이지만 감수성은 '관점'과 '지식'과 '감성'의 삼박자를 갖춰야 하는 고차원의 능력이다.

모두가 주인이 되는 민주주의 사회는 인간에 대한 불신이나 성악설에서 시작했을 것이다. 누구도 믿을 수 없기에 한 사람에게 절대 권력을 부여하지 않고 서로가 서로를 견제하며 모두가 동등해지는 세상을 주장할 수 있다. 차별을 반대하는 이유는 내가 차별받지 않고 싶어서다. 지금은 언제 어떤 이유로든 외모, 지역, 성별, 성정체성, 학력, 나이, 장애 여부 등으로 차별받을 수 있다. 누구도 예외가 될 수 없다. 하다못해 나이가 많다는 이유만으로 '노친네', '늙다리'라는 말이 스스럼없이 사용되고 노인 혐오가 판치는 세상에서 무작정 나이만 먹어갈 수는 없지 않은가. 차별 없는 세상을 만들기 위해 차별에 대한 다양한 이야기를 남기는 일, 그게 한 명의 기록자가 할 수 있는 최선이 아닐까.

주

1장 · 나와 다른 몸을 배제하는 말들

1   2016년 12월 3일(세계 장애인의 날), 박경석 전장연 대표가 국정농단
    을 비판하는 촛불집회 당시 광화문 광장에서 부른 노래. 그는 장애
    인이 차별 없이 살아갈 수 있는 권리를 주장하다 집회및시위에관한
    법률위반, 일반교통방해 등 7건으로 2015년에 기소되었는데, 최종
    변론이 있던 2018년 1월 9일 재판장에서 최후 진술을 하며 이 노래
    를 다시 불렀다. 그 후에는 2022년 4월 이준석 국민의힘 대표와의
    TV 토론에서 머리발언 때 부른 것이 유명하다. 원곡은 민중가요 그
    룹 젠ZEN의 노래 '공간이동'이며, 박 대표가 부른 부분은 이 노래의
    랩 소절이다. 아래 QR코드를 통해서 원곡을 감상할 수 있다.

출처: 노들장애인야학(nodl.or.kr)

2   1952년 부산에서 태어난 김순석은 어려서 소아마비를 겪은 후유증
    으로 한쪽 다리를 절었다. 1970년부터 서울로 터전을 옮겨 공장 노
    동자로 일하던 그는 심한 교통사고를 당한 뒤 다시 걸을 수 없게 되

어 휠체어를 타고 다녔다. 1984년 9월 19일, 그는 염보현 당시 서울 시장에게 유서를 남기고 서른셋의 나이에 지하 셋방에서 스스로 목숨을 끊었다. 그가 남긴 유서는 며칠 뒤인 9월 22일 《조선일보》에 실렸다. 더 자세한 내용은 비마이너(beminor.com) 2019년 기획연재 "장애해방열사, 죽어서도 여기 머무는 자"를 참고하라.

3 김영희, 〈박경석은 힘이 세다〉, 《한겨레》, 2022. 4. 4.

4 국립국어원 〈온라인가나다〉, '바보의 뜻과 어원' 질문에 대한 답변. https://www.korean.go.kr/front/onlineQna/onlineQnaView. do?mn_id=216&qna_seq=69678

5 장애인먼저실천운동본부, 〈장애 비하 용어 검색 분석 및 시정 요청 모니터링 자료〉, 2021년 7·8월.

6 우장호, 〈"정상인인 줄 알았다" 지적장애자 성폭행 40대 징역 4년〉, 《뉴시스》, 2021. 7. 20.

7 장애인먼저실천운동본부, 〈장애 관련 올바른 용어 가이드라인〉, 2019. 3. 6. wefirst.or.kr 책자 자료실에서 내려받을 수 있다.

8 남미정, 〈언어 감수성〉, 《한국일보》, 2021. 5. 7.

9 장강명, 〈'깜깜이'라는 말은 혐오 표현인가〉, 《중앙일보》, 2021. 5. 12.

10 장슬기, 〈정치적 공방에 본질 놓쳐버린 추미애 '외눈' 발언〉, 《미디어오늘》, 2021. 4. 27.

11 김상훈, 〈장애인 돌보랬더니 담합해 지원금 편취… 상반기 환수한 '눈먼 돈' 175억〉, 《뉴스1》, 2021. 11. 2.

12 '벙어리'의 어원에 대한 설명은 국립국어원 〈온라인가나다〉, '벙어리장갑의 어원에 대해' 질문에 대한 답변(https://www.korean.go.kr/front/onlineQna/onlineQnaView.do?mn_id=216&qna_seq=109259)을, '벙어리장갑'에 대한 어원과 주장을 담은 기사들은 다음을 참고하라. 나윤청, 〈가을야구에 등장한 '벙어리장갑'? 누군가에겐…〉, 《머

니투데이》, 2014. 11. 11. 〈벙어리장갑 이름이 왜 하필 벙어릴까?〉, 《장성군민신문》, 2009. 1. 15.

13 서보미, 〈'결정장애'를 극복하기 위한 11가지 방법〉, 《한겨레》, 2013. 5. 17.

14 부장원, 〈국민의힘 "청와대·여당, 집단적 조현병"… 막말 논란〉, YTN, 2021. 2. 1.

15 김은경, 〈조태용 "文만 돌변… 갈팡질팡 대일외교 정신분열적"〉, 《조선일보》, 2021. 3. 1.

16 이관형, 〈'조현병 환자'가 아니라 '조현병을 가진 사람'으로 불러주세요〉, 《마인드포스트》, 2021. 10. 17.

17 양혜인, 〈암만큼 '정신질환'도 조기 치료가 관건〉, 《메디컬투데이》, 2011. 6. 29.

18 〈팔이 없으면 입으로… 이것이 패럴림픽〉, 《조선일보》, 2021. 8. 28. 〈입으로 날린 감동 스매싱… 양팔 없는 하마드투의 도전〉, KBS 뉴스, 2021. 8. 25. 〈아프간 육상 대표 장애도, 국경도, 정치도 뛰어넘어 날았다〉, 《조선일보》, 2021. 8. 31.

19 이주상, 〈한 팔 피트니스모델 김나윤, "피트니스로 좌절을 이겨냈다. 장애인들에게 동기부여가 되고 싶어 대회에 출전한다"〉, 《스포츠서울》, 2021. 11. 4.

20 〈한쪽 팔다리가 마비돼도… 양쪽 팔이 없어도… 패럴림픽 감동의 탁구 명승부!!〉, MBC 뉴스, 2021. 8. 26.

2장·젠더 불평등을 만들어내는 말들

1 이은비, 〈서울 맞벌이 가정 하루 가사노동시간 여성 2시간 1분… 남

성은 38분〉, YTN PLUS, 2021. 1. 19.

2   페미위키(femiwiki.com)에서는 "여성에게 폭력을 행사하여 여성을 남성 권력의 객체로 만들 수 있다는 뜻을 가진 대표적인 여성 혐오 표현"으로 설명하고 있다. 이에 덧붙인 설명에 따르면, 여성에게 사용되던 이 표현은 미러링을 통해 "남자와 북어는 삼일에 한 번씩 패야 맛이 좋아진다."라는 의미로 사용되기도 했다.

3   루스 베이더 긴즈버그, 이나경 역,《긴즈버그의 차별 정의》, 블랙피쉬, 2021.

4   최슬기,〈'저출생'으로는 '저출산' 못 막는다〉,《한겨레》, 2018. 10. 24.

5   기성훈,〈서울 경단녀, 내년부터 '구직활동지원금' 받는다〉,《머니투데이》, 2021. 11. 9.

6   장슬기,〈염산남은 없는데 염산녀는 있다?〉,《미디어오늘》, 2015. 10. 20.

7   장슬기,〈연합뉴스의 성별 표기방식이 달라졌다〉,《미디어오늘》, 2018. 10. 23.

8   박영준,〈바이든 "그녀가 곧 역사"… 자유의 투사 잠들다〉,《세계일보》, 2022. 4. 28.

9   최병국,〈they가 단수형이라고? 미국 방언학회 '올해의 단어'〉,《연합뉴스》, 2016. 1. 13.

10   강석영,〈"생리 아닌 정혈" 대구 여성들의 '정혈대 연대'가 시작된다〉,《민중의소리》, 2020. 1. 14.

11   통계청의 각 연도별〈인구총조사〉자료를 바탕으로 한 국가지표체계(index.go.kr) 참조. 홈페이지의 '국가발전지표' 중 '가족' 항목을 참고.

12   이은정,〈가정 폭력만 있냐? '데이트 폭력'도 있다!〉,《오마이뉴

스》, 2005. 8. 5.

13 장슬기, 〈'몰카' '음란물' '리벤지포르노'가 아니다〉, 《미디어오늘》, 2021. 2. 18.

14 장수경, 〈'리벤지 포르노'가 아니라 '이미지 기반 학대'다〉, 《한겨레21》, 2020. 11. 28.

15 그 다음 달인 5월 국회에서 열린 인사청문회에서 이종섭 국방부 장관 후보자는 "권고 사항을 받아들이겠다."라면서도 "사실관계를 좀 더 확인해 조치할 것"이라고 답변했다.

3장 · 존재를 지우고 혐오하는 말들

1 강태영, 〈코로나 이후, 반중정서는 과연 심화되었을까?〉, 숙명인문학연구소 국제학술대회 "팬데믹 시대의 혐오: 횡단인문학적 접근" 발표 자료, 2021. 12. 18.

2 이오성, 〈중국의 모든 것을 싫어하는 핵심 집단, 누굴까?〉, 《시사IN》 717호, 2021. 6. 17.

3 최유숙, 〈한국인의 다문화 인식을 묻다〉, 《교양학연구》 9호, 중앙대학교 다빈치미래교양연구소, 2019.

4 정병기, 〈지방자치의날을 지역자치의날로〉, 《경향신문》, 2021. 11. 15.

5 〈2021 청소년 통계〉, 통계청·여성가족부, 2021. 5. 25.

6 문소영, 〈의절 대신 손절한다, 사람이 자본이 됐으니까〉, 《중앙일보》, 2021. 1. 28.

7 2020년 5월 29일에는 본문에서 소개한 사건 외에 자폐성 발달장애

를 가진 9세 아이를 키우던 한 엄마가 생활고를 견디지 못해 아이를 먼저 살해하고 자신도 자살하려 한 사건에 대한 판결(징역 4년)도 함께 이루어졌다. 판결문 전문은 대한민국 법원(scourt.go.kr)에서 다음의 사건 번호로 조회하면 확인할 수 있다. 2세 아들 살인은 "울산지방법원 2019고합142 살인", 9세 딸 살인은 "울산지방법원 2019고합365 살인".

• 더 읽어볼 책들

고레에다 히로카즈 지음, 이지수 옮김, 《작은 이야기를 계속하겠습니다》, 바다출판사, 2021.

권인숙, 《대한민국은 군대다》, 청년사, 2005.

김소영, 《어린이라는 세계》, 사계절, 2020.

김원영, 《실격당한 자들을 위한 변론》, 사계절, 2018.

김지혜, 《선량한 차별주의자》, 창비, 2019.

김진해, 《말끝이 당신이다》, 한겨레출판, 2021.

김초엽·김원영, 《사이보그가 되다》, 사계절, 2021.

노라 엘렌 그로스 지음, 박승희 옮김, 《마서즈 비니어드 섬 사람들은 수화로 말한다》, 한길사, 2003.

다리아·모르·박목우·이혜정 지음, 조한진희 엮음, 다른몸들 기획, 《질병과 함께 춤을》, 푸른숲, 2021.

박노자, 《전환의 시대》, 한겨레출판, 2018.

박완서, 《모독》, 문학판, 2021.

박혜연, 《맺힌 말들》, 아몬드, 2021.

비장애형제 자조모임 '나는', 《'나는' 괜찮지 않아도 괜찮아》, 한울림스

　　페셜, 2021.

사과집, 《딸은 애도하지 않는다》, 상상출판, 2021.

신지영, 《언어의 높이뛰기》, 인플루엔셜, 2021.

　　　　, 《언어의 줄다리기》, 21세기북스, 2021.

안상순, 《우리말 어감 사전》, 유유, 2021.

은유 지음, 국가인권위원회 기획, 《있지만 없는 아이들》, 창비, 2021.

홍성수, 《말이 칼이 될 때》, 어크로스, 2018.

찾아보기

그런 말은 전혀 괜찮지 않습니다

2022년 7월 18일 초판 1쇄 발행
2023년 12월 20일 초판 3쇄 발행

지은이   장슬기

펴낸이	정상태
펴낸곳	도서출판 아를
등록	제406-2019-000044호 (2019년 5월 2일)
주소	10881 경기도 파주시 문발로 139, 407호
전화	031-942-1832
팩스	0303-3445-1832
이메일	press.arles@gmail.com

© 장슬기 2022
ISBN 979-11-973179-7-2 03710

• 책값은 뒤표지에 표시되어 있습니다.
• 잘못된 책은 구입하신 서점에서 교환해드립니다.

아를ARLES은 빈센트 반 고흐가 사랑한 남프랑스의 도시입니다.
아를 출판사의 책은 사유하는 일상의 기쁨, 아름다움을 발견하는 즐거움을 드립니다.
• 페이스북 @pressarles   • 인스타그램 @pressarles   • 트위터 @press_arles